BUZZ

© Buzz Editora, 2022
© Tom Peters, 2021
Título original: *Excellence Now: Extreme Humanism*
Publicado mediante acordo com a Networlding Publishing, negociado pela agência 2 Seas Literary Agency e coagenciado pela Villas-Boas & Moss Agência e Consultoria Literária.

PUBLISHER Anderson Cavalcante
EDITORA Tamires von Atzingen
ASSISTENTE EDITORIAL João Lucas Z. Kosce
ESTAGIÁRIA EDITORIAL Letícia Saracini
TRADUÇÃO Débora Isidoro
PREPARAÇÃO Ligia Alves
REVISÃO Cristiane Maruyama, Tomoe Moroizumi, Leandro Rodrigues
PROJETO GRÁFICO Estúdio Grifo
ASSISTENTE DE DESIGN Felipe Regis
CAPA ORIGINAL Donovan/Green

Dados Internacionais de Catalogação na Publicação (CIP) de acordo com ISBD

P481h
Peters, Tom
Humanismo extremo: O novo padrão de excelência no mundo e nos negócios / Tom Peters;
traduzido por Débora Isidoro
Tradução de: *Excellence Now: Extreme Humanism*
São Paulo: Buzz, 2022
272 pp.

ISBN 978-65-89623-34-2

1. Administração. 2. Liderança. 3. Negócios. 4. Gestão.
I. Isidoro, Débora. II. Título

2021-3149   CDD 658.4092 / CDU 65.012.41

Elaborado por Vagner Rodolfo da Silva CRB-8/9410

Índice para catálogo sistemático:
1. Administração: Liderança 658.4092
2. Administração: Liderança 65.012.41

Todos os direitos reservados à:
Buzz Editora Ltda.
Av. Paulista, 726 – mezanino
CEP: 01310-100, São Paulo, SP
[55 11] 4171 2317 | 4171 2318
contato@buzzeditora.com.br
www.buzzeditora.com.br

Tom Peters

Humanismo extremo

O novo padrão de
excelência no mundo
e nos negócios

Dedicatória

Robbin Reynolds, que por acaso leu um artigo meu publicado no *Business Week* de julho de 1980, me mandou espontaneamente uma carta anexada a um contrato de publicação com a Harper & Row, anunciando: "Tem um livro naquele artigo". A partir daí, depois de algumas etapas, surgiu *Vencendo a crise*.

Nancy Austin, parceira de negócios e colega, que me disse que, em *Vencendo a crise,* faltavam tópicos de ação e mais energia, e assim se tornou minha inspiradora coautora de *A paixão pela excelência* e principal motivação do meu uso exagerado de itálico, negrito e, acima de tudo, pontos de exclamação vermelhos!

Heather Shea, ex-presidente da minha empresa de treinamento, a Tom Peters Company, que certa tarde me informou, enquanto tomávamos uma taça de chardonnay, que eu não sabia nada sobre a frágil representatividade e o potencial subutilizado das mulheres em papéis de liderança nos negócios. Ela então convocou uma reunião de mulheres (muito) poderosas e ordenou que eu comparecesse; lá essas mulheres, sob o comando de Heather, me deram, em três horas intensas, uma aula ininterrupta sobre minhas deficiências. Foi daí que surgiu minha obsessão de 25 anos (1996-2021) pelo poder de mercado das mulheres e sua comprovada excelência em liderança.

Sally Helgesen, cujo livro *The Female Advantage* foi meu principal tutorial sobre questões femininas nos negócios. Isso, juntamente com o subsequente trabalho e a boa orientação de Sally, reprogramou muitas das minhas vias neurais – minha vida nunca mais foi a mesma.

Susan Cain. Raramente um único livro vira a vida de uma pessoa de cabeça para baixo. O livro de 2013 da sra. Cain, *O poder dos quietos*, fez justamente isso. É sem dúvida o livro de administração mais impactante do século até agora para mim. Susan me disse, pessoal e diretamente, ou eu entendi dessa maneira, que eu era um importante "guru da administração"/"líder do pensamento" que havia, efetivamente, ignorado metade da população ativa, os introvertidos, cuja contribuição como líderes, por exemplo, costuma ofuscar os exibidos barulhentos. Humildemente, reconheço minha eterna dívida.

Marianne Lewis, reitora do Lindner College of Business na Universidade de Cincinnati. A dra. Lewis faz uso do seu posto para reinventar o ensino na escola de administração (tão desesperadamente necessitada de uma completa reinvenção), colocando as terrivelmente mal nomeadas "coisas soft" em primeiro lugar – liderança, pessoas, comunidade, comportamento moral e excelência.

Susan Sargent, artista de tapeçaria, designer e proprietária de uma empresa de acessórios para casa cuja abordagem das cores mudou toda uma indústria; e extraordinária organizadora comunitária (conservação, mudança climática, artes). Seus níveis de energia fazem aquele coelhinho da propaganda de pilha parecer uma lesma – além disso, é minha esposa, colega e melhor amiga há mais de um quarto de século.

Julie Anixter, Nancye Green, Melissa G. Wilson e Shelley Dolley, por seus incansáveis esforços para fazer deste livro minha "suma", o melhor possível, isto é, excelente! Suas contribuições profissionais foram excepcionais; no mínimo tão importante quanto isso, elas se tornaram sócias e colaboradoras nesse esforço.

Nota: Esta não é uma dedicatória às "mulheres da minha vida". Esta é uma dedicatória a onze profissionais extraordinárias que formaram minha visão sobre empreitadas efetivas, diversificadas, humanas e moralmente focadas.

Prefácio
por Vala Afshar

Como é possível focar a "excelência" depois de ter vivido 2020, um ano que trouxe as piores injustiças nas áreas da saúde, economia, clima, questões raciais e igualdade, e a disseminação em larga escala de crises de desinformação como nunca se viu? A resposta de Tom Peters é se engajar ativamente e servir aos nossos funcionários, às nossas comunidades e ao planeta, buscar nada menos que a melhoria da sociedade. E fazer isso "com todo o seu coração, toda a sua alma e toda a sua energia".

Quando a conversa entre líderes empresariais se volta para a "excelência", eles muitas vezes pensam em Tom Peters e em *Vencendo a crise*, que li pela primeira vez na faculdade e é um dos mais influentes livros de administração de todos os tempos. Ao longo dos últimos mais de quarenta anos desde a publicação dessa obra, Tom viajou a cinquenta estados e 63 países, apresentando-se para mais de 5 milhões de pessoas. E agora chega seu 19º e, segundo ele, último livro, *Humanismo extremo: O novo padrão de excelência no mundo e nos negócios*.

É um livro para hoje. Tom pode estar por aí há muito tempo, mas não tem raízes sob os pés. Ele entrou na era digital com força total. Suas numerosas interações diárias no Twitter são um exemplo de excelência constante em defesa da vida e de uma vida louvável. Peters tem mais de 125 mil posts no Twitter e mais de 170 mil seguidores. Ele é o principal motivo de eu ter me apaixonado pelo Twitter. Minha primeira interação com Peters foi pelo Twitter, e ele imediatamente se tornou meu mentor remoto. Ele é radicalmente transparente e generoso, disposto a interagir com todos. A sabedoria de Tom Peters, evidente em especial no Twitter, é ter consciência de que todo mundo que você conhece sabe mais que você sobre alguma coisa.

A adesão aos valores essenciais é minha diretriz como líder. No entanto, minha luta interminável tem a ver com passar da definição dos meus valores à implementação dos meus valores todos os dias. E com de que modo inspirar meus colegas a fazerem o mesmo. Onde eu poderia ir buscar orientação? Em quem poderia confiar? Estava sozinho nessa jornada? Em meio à busca por respostas, descobri Tom Peters, que mudaria minha vida pessoal e profissional. A mensagem dele sobre a busca vitalícia por excelência e comportamento moral silenciou o barulho à minha volta e me ajudou a perceber que eu não estava sozinho. E você também não está. Por isso Tom escreveu este livro.

A primeira vez que encontrei Tom Peters pessoalmente foi quando ele visitou nosso escritório da Salesforce em Boston para uma entrevista em vídeo. Eu o recebi no saguão, esperando vê-lo com uma *entourage*. Ele estava sozinho, com uma mochila e um suéter que eu tinha visto quando assistira à sua extensa biblioteca de vídeos sobre liderança. Ele me surpreendeu quando tirou da mochila meu livro *The Pursuit of Social Business Excellence*. Tom tem um jeito maravilhoso de mostrar reconhecimento e de fazer as pessoas se sentirem melhor em relação a si mesmas.

No fim da preparação para nossa entrevista ao vivo, vi Tom revisando uma pasta grossa de material que abarcava uma variedade de assuntos, inclusive a importância da inteligência emocional, os benefícios de promover mais mulheres à liderança e o impacto da inteligência artificial no futuro do trabalho. Sua excelente preparação nos levou a uma troca brilhante. Entrevistei mais de novecentos líderes empresariais desde 2013. Os dois programas com mais visualizações, com quase 300 mil, são duas conversas com Tom Peters. Mais impressionante ainda é saber que Tom passou mais de duas horas depois de nossa entrevista formal conversando com meus colegas, autografando livros, ouvindo com interesse e respondendo a centenas de perguntas; depois se despediu e foi embora. Ele inspirou uma dezena de executivos sêniores com sua humildade, elegância e uma generosidade que foram realmente engrandecedoras.

Por que *Humanismo extremo: O novo padrão de excelência no mundo e nos negócios* é, sem dúvida, a mais importante contribuição de Peters em sua ilustre carreira? Tom afirma com veemência: "O que você está fazendo agora será o carimbo, a marca de toda a sua carreira". Não existem palavras mais verdadeiras. Em seu livro, ele articula de maneira poderosa como se alcança a excelência em liderança apenas se concentrando em ajudar outras pessoas a crescer. Peters já disse muitas vezes e com grande paixão que o trabalho de um líder não é conquistar mais seguidores, e sim desenvolver mais líderes.

Humanismo extremo é leitura necessária para universitários que querem aprender a ter sucesso nos negócios, para proprietários de pequenos negócios que se importam muito com seus funcionários, clientes e comunidades, para administradores de nível intermediário, as pessoas estrategicamente mais importantes de qualquer negócio, e executivos sêniores como eu (no meu caso, atuando na empresa de tecnologia mais bem-sucedida e de crescimento mais rápido no mundo), que entendem a necessidade crucial de cultivar e manter uma cultura de confiança, crescimento pessoal, inovação e equidade real.

Humanismo extremo: O novo padrão de excelência no mundo e nos negócios é um belo lembrete sobre o que mais importa quando você corre atrás de objetivos pessoais e profissionais. Tom colocou as pessoas em primeiro lugar ao se importar profunda e intensamente e ao favorecer seu desenvolvimento e sucesso holísticos; ao criar produtos e serviços engrandecedores que trazem à nossa vida nada menos que alegria; ao dar atenção irrestrita aos detalhes, sabendo que pequenas e contínuas melhorias incrementais podem contribuir para momentos que mudam o jogo; ao reconhecer o poder da inteligência emocional e saber que as habilidades interpessoais são as mais difíceis de desenvolver e as mais importantes no longo prazo. Peter também nos lembra de ter um inconfundível senso de urgência em relação a grandes questões como a necessidade premente de equidade de gênero, o impacto das mudanças climáticas e a educação acessível e viável.

Quanto tempo você está disposto a esperar para se tornar o líder excelente que pretende ser? Comunidades, empresas e países estão mais do que nunca em busca de excelência antes de enfrentar deslocamentos monumentais de qualquer tipo. A questão é se você é o líder que vai reagir à ocasião e responder ao chamado, que vai se comprometer com uma liderança de integridade e valores humanos, independentemente do caos e da pressão ao redor.

Seu verdadeiro legado é o que as pessoas dizem a seu respeito quando você não está na sala. Como você vai ser lembrado? Vai ser descrito como alguém generoso, atencioso, paciente, indulgente, presente e positivo? Em *Humanismo extremo*, Peters nos ensina sobre as características de liderança que são mais importantes em tempos difíceis.

Uma das lições mais profundas que aprendi com Tom é que a excelência, do ponto de vista dele, não é um plano de longo prazo, nem uma montanha a ser escalada. Excelência é a próxima conversa, a próxima reunião ou a próxima apresentação. "Excelência são os próximos cinco minutos", diz Peters, "ou não é nada."

Acredito que *Humanismo extremo: O novo padrão de excelência no mundo e nos negócios* seja a melhor obra de Tom Peters, o auge de quatro décadas de pesquisas fundamentadas em dados, em colaboração com alguns dos mais bem-sucedidos líderes de negócios e administração do mundo todo. Eu, por exemplo, planejo seguir os passos de Tom e aprender o máximo que puder com um pioneiro singular no campo das humanidades, dos negócios, da excelência e da vida.

VALA AFSHAR, diretor evangelista digital da Salesforce
Autor de *The Pursuit of Social Business Excellence*
Cofundador e coapresentador do podcast semanal DisrupTV

Prefácio à edição brasileira:
Convite a ser total
por Roberto Tranjan

Milhares de pessoas o assistiam no auditório lotado, ávidas por informações. Eram líderes e executivos, CEOs de organizações públicas, privadas, nacionais e multinacionais.

Aninhado em uma das poltronas, eu observava com admiração tanto o discurso quanto o estilo. O palestrante caminhava de um lado para o outro e, nos extremos do palco, parava e mirava a plateia. Lá vinha puxão de orelha. Indiferente à indumentária sisuda dos ternos e gravatas e inconformado com a mediocridade reinante no meio empresarial, ele não deixava por menos. Esbravejava, cheio de fundamentos.

Questão de coerência. Para Tom Peters, qualquer coisa menos do que excelente não tinha razão para existir. Ele sempre enumerou tudo de estúpido e insano que o mundo corporativo insistia em praticar.

Introduziu um imprescindível conceito no meio empresarial com o revolucionário *Em busca da excelência*. De lá para cá, muitas décadas se passaram, incluindo uma pandemia que abalou o planeta. Dado o mal-estar que se instalou nas organizações, Peters oferece, agora, aquela que – afirma – é sua última obra. E que ninguém duvide: a Excelência, da maneira como Tom Peters trata, nada tem de transitória nem é dada aos modismos que aparecem e desaparecem no mundo do *management*. A Excelência a que Tom se refere é atemporal, transformadora, criativa, emocional e, sobretudo, humana.

Em *Humanismo extremo*, Peters eleva a Excelência ao ápice e abre espaço para outra palavra também humana, muito humana: engajamento. Com o colaborador, o cliente, a comunidade, o planeta.

Retorno ao auditório lotado, de tempos atrás. Enquanto o palestrante apresentava enfaticamente suas ideias, eu sentia uma inquietude desafiadora. Tive uma tremenda vontade de sair daquela cadeira, arregaçar as mangas e colocar em prática suas maluquices cheias de sabedoria, bom senso e atrevimento.

A mesma comichão me invade quando leio seus livros. Vem a ânsia de saltar da cadeira do escritório e agir. Este é o seu dom maior: provocar, animar, desafiar. Depois de ouvir suas palestras ou ler suas obras, ninguém consegue manter crenças limitadoras.

Humanismo extremo vai além, ao apresentar 75 ideias tão instigantes quanto perturbadoras. Mais que evitar o mal-estar, Peters foca o bem viver.

Moderno e eterno, Tom Peters nos coloca diante do desafio mais urgente dos dias atuais: recuperar a nossa humanidade. Total. Sem meias medidas.

ROBERTO TRANJAN
Fundador da Capital Relacional – Gestão e Aprendizagem

"Os negócios existem para aprimorar o bem-estar humano."
MIHALY CSIKSZENTMIHALYI, *Good Business*

"Se você quer que alguma coisa seja dita, peça a um homem;
se quer que alguma coisa seja feita, peça a uma mulher."
MARGARET THATCHER

"Criar excelência não é um trabalho. Criar excelência é um ato moral."
HUGH MACLEOD, *Gapingvoid*

**Pessoas e comunidade primeiro.
Produtos e serviços que servem à humanidade.
A responsabilidade moral do empreendimento.
Agora mais que nunca.**

Serendipidade[1] talvez seja uma palavra usada com frequência excessiva, mas, de um jeito estranho, é a palavra correta neste caso.

MARÇO DE 2019 Começo a trabalhar em meu último livro, resumindo mais de quarenta anos de busca por excelência. Pretendo fazer uma última e ruidosa súplica para que pessoas e comunidade sejam colocadas em primeiro lugar.

FEVEREIRO DE 2020 Envio um rascunho mais ou menos completo para os colegas comentarem.

MARÇO DE 2020 A Covid-19 paralisa os EUA e boa parte do mundo. Acompanhando o terremoto pandêmico, os números do desemprego disparam na casa dos milhões só nos EUA.

JUNHO DE 2020 Agitação civil varre o país. Protestos contra injustiça racial, política e econômica de longa data e contra a desigualdade pressagiam uma longa, estridente e extraordinariamente importante batalha, que já deveria ter acontecido há tempos.

OUTONO DE 2020 A eleição para presidente dos Estados Unidos mais rancorosa em mais de meio século – fraturas ainda mais profundas na superfície social, com a desigualdade à frente da marcha (na esteira dela?); não há arrefecimento à vista.

---

1 Do inglês, *serendipity*. De acordo com o *Dicionário Caldas Aulete*, uma das acepções de serendipidade é "circunstância favorável, capacidade ou tendência a fazer descobertas importantes ou felizes por acaso". Embora a palavra esteja incorporada ao português brasileiro, seu uso no Brasil não é tão frequente. [N.E.]

OUTONO-INVERNO 2020-21 A Covid-19 continua e – para fazer uso de um termo excessivamente repetido e do qual não gosto, mas que é adequado para este caso – o tumulto se instala como o "novo normal".

Com relação à serendipidade, os levantes multidimensionais associados ao tsunami da IA que avança sobre os empregos e ganha velocidade tornam a mensagem deste livro muito mais oportuna, muito mais poderosa, muito mais pertinente e muito mais urgente do que eu poderia ter imaginado.

Liderar em meio ao caos. Liderar em meio à angústia pessoal e econômica trazida pela Covid-19. Liderar em meio ao sofrimento social simbolizado pela consciência renovada, barulhenta e furiosa das imensas inequidades raciais. Liderar em meio ao rancor político que ameaça as próprias raízes da nossa democracia. Liderar em meio a uma verdade inegável de que o impacto poderoso da mudança climática não está "chegando" – ele já chegou. Como os líderes agem – e talvez até progridem – enquanto avançam em seus esforços para servir aos membros de suas equipes, às comunidades em que estão inseridos e ao próprio planeta em meio a essa loucura?

Reitero pela enésima vez, agora com mais urgência do que nunca:

- Engajamento e crescimento das pessoas, primeiro, de verdade.
- Engajamento da comunidade, primeiro, de verdade.
- Planeta Terra, primeiro, de verdade.
- Produtos e serviços que não são semelhantes, e sim um pouco mais baratos, mas que atendem à humanidade e orgulham nosso ofício.
- Líderes que colocam a criação e a manutenção de uma cultura atenciosa e vigorosa e justa, em primeiro lugar, de verdade.
- Agora.

Com todo o seu coração, sua alma e energia. Sem enrolar! Droga!

Acho bizarro como empresários firmes e pragmáticos já me perguntaram centenas de vezes: "Tom, por que você bate tanto na tecla das pessoas (relações interpessoais)?". Minha melhor resposta, além de "o que mais existe para focar": as pessoas são importantes na mesma medida, exatamente, para um vendedor de carros, um escritório de contabilidade de seis ou sessenta pessoas – ou o Google – quanto para um time de futebol, ou uma orquestra sinfônica, ou a Marinha dos Estados Unidos. Ou seja, repito, gente, gente, gente – senão, o que mais tem por aí?

Uma organização não é um organograma esterilizado, uma pilha de descrições de cargos, um zilhão de processos glaciais de "eficiência em primeiro lugar". Uma organização é um ser completo, que respira *comunidade*. Uma organização é uma comunidade inserida em comunidades – o coração e os lares de seus funcionários, dos clientes e de seus profissionais de vendas.

Nossa resposta a uma crise – esta crise, qualquer crise – será a manifestação de quanto e com que consistência nos importamos com os outros. Na minha opinião, da perspectiva de um líder, o cuidado extremo emana, acima e antes de tudo, ao colocarmos sempre nossa gente e nossas comunidades em primeiro lugar.

Espero que estas páginas o inspirem a agir, à ação extrema, de fato. É simples, na verdade: tempos extremos pedem respostas não menos extremas. Ouso ter a esperança de que as novas culturas organizacionais que podemos construir mesmo diante da loucura atual sejam o início de uma ampla revolução marcada por locais de trabalho mais humanos e mais energizados, comprometidos com o extremo (aí está essa palavra de novo) crescimento profissional e a criação de produtos e serviços marcados pela excelência e até, atrevo-me a dizer, por tornar o mundo um pouco melhor.

Resumindo: como, para mim, este livro é o que chamam de "livro de negócios", ou será recebido dessa maneira, lembro a você que os dados afirmam inegavelmente que a abordagem "pessoas em primeiro lugar" – em relação à saúde comunitária e organizacional no longo prazo e para a produção de produtos e serviços que importam – é, de longe, a prática mais efetiva que existe para negócios lucrativos.

Uma jornada de 43 anos de esperança

**Este livro é "minha suma".
É um "último viva!".
É um "fiz meu melhor, caramba".
Por favor, comece a agir com vigor,
com extrema urgência.**

Persigo a excelência há 43 anos – desde 1977, quando comecei a pesquisa para o que se tornou *In Search of Excellence*. O trabalho foi iniciado graças ao meu chefe, o diretor administrativo da McKinsey & Company, onde eu era consultor em nossa filial de San Francisco. O diretor se perguntava por que seus talentosos consultores imaginavam estratégias comerciais geniais, infalíveis, mas os clientes as consideravam difíceis ou impossíveis de implementar. Eu tinha acabado de concluir um PhD na Stanford Graduate School of Business; implementação era o tema da minha tese – na verdade, foi considerada a primeira do tipo e conquistou vários prêmios. Me deram um orçamento ilimitado para viajar pelo mundo – literalmente – em busca de ideias e exemplos de estratégias de implementação eficientes em grandes empresas.

Em dado momento, um ano depois do início dessa jornada, me pediram para fazer uma apresentação para um cliente sobre meu tema. A ordem foi dada por meu chefe em San Francisco, e eu tinha menos de 24 horas para preparar minha fala. Na noite anterior ao evento, assisti a uma performance extraordinária do San Francisco Ballet. Quando voltei do espetáculo, me sentei para trabalhar e comecei a redigir meus comentários, e um pensamento estranho passou pela minha cabeça.

Quase todos os adultos trabalham. Conservamos o emprego atendendo a colegas, clientes, consumidores e comunidades de maneira eficiente. Por que esse trabalho, e essa prestação de serviço a terceiros, não poderia imitar o Balé de San Francisco? Por que a excelência do balé não poderia marcar nossas organizações comerciais de seis ou seiscentos funcionários e o trabalho daqueles de nós que praticamos nosso ofício nesse meio? Fui de tal forma tomado por essa ideia que dei à minha breve apresentação do dia seguinte um título de uma só palavra: *Excellence* [Excelência]. Apesar de a recepção ao que falei ter sido boa, eu mal tinha começado a corrida. Mas a ideia – por que não excelência no âmbito dos negócios – pegou, e então eu a elaborei um pouco e a experimentei com minha equipe amplamente espalhada. E, com o passar do tempo, com meus pares e, depois, especialmente e para minha satisfação, nossos clientes absorveram a ideia – e foi então que começamos a corrida.

Isso tudo foi há 43 anos. E, na essência, não mudei meu tom em todos esses 43 anos. Passei minha vida adulta procurando a excelência individual e organizacional. Meu primeiro livro, escrito em coautoria com Bob Waterman – um grande amigo nos últimos anos –, decolou por uma série de razões, e o timing perfeito foi crucial. (Os Estados Unidos eram assolados pelo *malaise* nos negócios e por uma grande recessão.) O impacto foi tão grande que aquele se tornou o livro mais requisitado nas bibliotecas norte-americanas entre 1989 e 2006. Relembrando agora, é evidente que essa ideia de "negócios como uma apresentação de balé" e "excelência nos negócios" tocou um ponto sensível.

Recebi um feedback maravilhoso, mas fiquei bem frustrado com a ausência de uma "revolução da excelência". Apesar de muitos terem adotado o conceito – em especial empresas de pequeno e médio porte –, o desempenho empresarial que não tinha nada a ver com balé continuou sendo a norma. Portanto, sentei e escrevi mais dezessete livros e dei mais de 2.500 palestras em 63 países desde então. Os livros são, por opção, altamente repetitivos e não requerem uma compreensão de ciência espacial para serem entendidos:

- Cuide das pessoas – treine-as, trate-as com gentileza e respeito e ajude-as a se preparar para o futuro. Insista que todos os funcionários se comprometam com o incentivo ao crescimento dos colegas e o cuidado com eles. Isso tem que ser duplicado, ou triplicado, nos tempos difíceis atuais. O objetivo é o Engajamento Extremo do Empregado (E³). O resultado é fazer da excelência a norma em tudo o que diz respeito a pessoas. (O "resultado" também é que essa é a melhor maneira de crescer e o melhor estímulo à lucratividade.)
- Fazer produtos engrandecedores – uma palavra escolhida com muito cuidado – e prestar serviços que inspirem nossos

consumidores e nos façam sorrir e sentir orgulho de nossos esforços, e talvez até façam o mundo um pouquinho melhor. Essa é a base do que chamo de *Humanismo Extremo*. E o mandamento vale para todas as indústrias e, sim, todos os departamentos dentro de uma organização. (Para sua informação: produtos e serviços que exibem "Humanismo Extremo" e são "engrandecedores" também são a melhor defesa contra o tsunami da IA.)

- "Pequeno > grande" é meu mantra – uma avalanche de pequenos passos e toques memoráveis é mais importante que tentativas "inovadoras". Então, dê esses passinhos constantemente e siga em frente para o desconhecido – "jogo sério", como disse um guru – hora após hora, dia após dia. Cada um de nós – 100% de nós! – pode e deve ser um inovador!
- Acolha a urgência necessária para lidar – dentro de sua esfera de influência – com as implicações catastróficas das mudanças climáticas. O tempo para medidas paliativas passou. As implicações das mudanças climáticas não estão "logo ali". Elas chegaram.
- Comporte-se de maneira honrada em todas as ocasiões e seja um excelente e vigoroso membro da comunidade e um líder moral. Seja capaz de descrever seu trabalho e suas atividades de prestação de serviço para membros da família com orgulho, e até com prazer.
- Busque a excelência todos os dias, não como um grande anseio, mas como um jeito de viver que é expresso ou não até mesmo no seu próximo e-mail de dez linhas.

Essas ideias contribuem para que você, eu e nossos pares façamos um trabalho de valor, que cause orgulho em cada acionista – e, como comentado anteriormente, esse gosto pelo trabalho compensa em um grau surpreendente em termos das medidas empresariais padronizadas de crescimento sustentável e rentabilidade máxima.

Há 75 ideias que acompanham as "Tarefas" apresentadas neste livro. Implementadas com determinação e entusiasmo, e com 100% de participação, elas certamente vão funcionar e ter sua eficiência demonstrada repetidas vezes em todo tipo de circunstâncias.

A hora do acerto de contas chegou

Estamos sob o domínio da Covid-19 e da mais significativa inquietação social e política nos Estados Unidos desde meados da década de 1960 – o que só pode ser chamado de caos único, raro. Temos visto, no mundo dos negócios e fora dele, organizações e líderes reagirem bem, tendo compaixão e cuidado. E temos visto outras organizações e seus líderes insistirem no tradicional dogma da maximização de eficiência e produção e, às vezes, se comportarem de maneiras insensíveis, até repreensíveis.

Por mais insanas que estejam as coisas, a excelência como retrato neste livro é, na minha opinião, muito mais importante e urgente do que nunca. Excelência é uma atividade abrangente e constante, do tipo 24 horas por dia, sete dias por semana. É uma necessidade. Não existe "dimensão" moral em excelência. Excelência como definida aqui é o jogo todo, e deve ser refletida em cada passo que damos (cada um de nós). Gestos humanos, de atenção, cuidado e inclusão com os membros de nossa equipe, comunidade e clientela devem se tornar nosso arroz com feijão. Não são "parte de nós". São nós. Sim, temos que parar de pisar em ovos no que diz respeito a questões como raça e gênero e abordar esses assuntos como uma, ou A peça central de nossa missão e estratégia organizacional e de nossas avaliações diárias de ação. E talvez, só talvez, quando o pior da turbulência atual passar, possamos introduzir uma nova era em que "pessoas em primeiro lugar", "cuidado e compaixão", "liderança inclusiva" e "excelência em tudo o que fazemos" se tornem a norma – não uma orientação de poucos.

Sete comandos / Covid-19

- Ser gentil.
- Ser atencioso.
- Ser paciente.
- Ser indulgente.
- Ser presente.
- Ser positivo.
- Colocar-se no lugar do outro.

Resumindo: esta é uma oportunidade sem igual para promover uma mudança positiva e plantar as sementes para um mundo melhor. Não reagir com total engajamento e compromisso é, para mim, inconcebível. Por favor, aja. Não desperdice essa chance!

Excelência. Agora.
Pessoas em primeiro lugar. Agora.
Humanismo Extremo. Agora.
Seu legado. Agora. (Ou não.)

O que estas páginas contêm, acredito, é um mapa razoavelmente completo para um mundo de excelência, Humanismo Extremo, pessoas em primeiro lugar, cuidado e compaixão, e liderança empresarial inclusiva. Seguir o mapa não vai fazer nossos atuais problemas políticos, sociais e da Covid-19 desaparecerem. Mas pode levar à criação ou à manutenção de uma organização "desesperadamente" comprometida com o crescimento de todos os seus membros e com o bem-estar das comunidades em que operam. Essa é a contribuição pela qual todo líder pode trabalhar diariamente – e é uma contribuição para a abordagem, em alguma pequena medida, das questões extraordinárias que desafiam a todos nós.

Como seria maravilhosa e engrandecedora a conquista dessas metas para os membros de nossas equipes, nossos clientes, nossas comunidades e para todos nós como indivíduos. Mas o sucesso não vai ser um mar de rosas.

A jornada começa hoje. Sendo bem direto: como você, na condição de líder (o leitor habitual deste livro é um líder – bem, na verdade, todos nós devemos e podemos ser líderes), se comporta – agora, no meio da crise – será provavelmente um, ou O, principal determinante de seu legado de vida. Para melhor ou para pior.

Pessoas em primeiro lugar/Engajamento do funcionário.
(Ou não.)
Agora.
(Ou nunca.)

Liderança cuidadosa, compassiva e inclusiva.
(Ou não.)
Agora.
(Ou nunca.)

Engajamento extremo da comunidade.
(Ou não.)
Agora.
(Ou nunca.)

Sustentabilidade extrema.
(Ou não.)
Agora.
(Ou nunca.)

Produtos e serviços que inspiram, que fazem o mundo só um pouquinho melhor e que nos deixam orgulhosos.
(Ou não.)
Agora.
(Ou nunca.)

Humanismo Extremo em tudo o que fazemos.
(Ou não.)
Agora.
(Ou nunca.)

Excelência em tudo o que fazemos.
(Ou não.)
Agora.
(Ou nunca.)

"Virtudes de currículo" *versus* "virtudes louváveis"

"Estive pensando sobre a diferença entre as "virtudes de currículo" e as 'virtudes louváveis'. As virtudes de currículo são aquelas que você

relaciona em seu histórico, as habilidades que leva para o mercado de trabalho e que contribuem para o sucesso externo. As virtudes louváveis são mais profundas. São as que as pessoas comentam no seu funeral, as que existem na essência de seu ser – se você é gentil, corajoso, honesto ou fiel, que tipo de relacionamentos estabeleceu."
DAVID BROOKS, *A estrada para o caráter*

Nos ombros de gigantes

Nem preciso dizer que fico encantado quando as pessoas elogiam o meu trabalho. Mas o fato é que, recorrendo a um chavão, apoio-me nos ombros de gigantes. Uma apresentação de cinquenta slides em PowerPoint que uso para uma palestra tem cerca de trinta citações emprestadas de um elenco estelar.

Neste livro, estou nos ombros de outros gigantes – gente como Herb Kelleher e Colleen Barrett, da Southwest Airlines, Margaret Thatcher, o inimitável Sir Richard Branson, a estrela empresarial Linda Kaplan Thaler, do Advertising Hall of Fame, e até mesmo Ben Franklin –, e eles transportam a maior parte da carga. Palavras deles, não minhas, quase sempre virão primeiro. Serei simplesmente o organizador e comentarista sucinto, e seu persistente incentivador. Afinal, eles, esses gigantes, não eu, são as "pessoas de verdade" que se comprometeram com a excelência e deram origem a empreitadas fabulosas com equipes totalmente engajadas e extraordinariamente bem treinadas, pessoas que produzem de maneira consistente produtos memoráveis, emocionalmente cativantes, espiritualmente engrandecedores, e prestam serviços a seus clientes (uma avaliação repleta de palavras grandiosas, mas precisa). Então, preste atenção a *essas* pessoas. E aprenda com elas.

Uma súplica

Pelos meus padrões, este é um livro bem fino – meu *Liberation Management* tem novecentas páginas. E, como já comentei aqui, esta é, efetivamente, uma biblioteca com cerca de trezentas citações, selecionadas entre milhares e milhares guardadas em meu arquivo de PowerPoint. Bem, a verdade é que você poderia percorrer essas citações, concordando frequentemente com elas, em uma hora – ou duas ou três, no máximo...

Mas este é o meu grande pedido, minha súplica. Você poderia, sim, "percorrer" o conjunto de citações rapidamente. Porém, minha esperança é que você leve meses, ou anos, ou a eternidade de sua carreira, para realmente (*realmente*) esgotar esta coleção de observações ou prescrições. Da maneira como imagino (ou espero), você vai mastigar esses Bransonismos ou Kelleherismos, revirá-los na mente, ruminá-los um pouco mais, discutir algumas das observações mais profundas com amigos e colegas. É justo dizer que praticamente cada uma dessas citações captura e soletra um estilo de vida.

Por exemplo, pense no que disse Richard Sheridan, CEO da bem-sucedida companhia de software Menlo Innovations: "Pode parecer radical, original, quase uma ideia maluca para os negócios. No entanto – por mais ridículo que pareça –, a alegria é a crença central do nosso local de trabalho. A alegria é a razão de a minha empresa existir. Ela é a única crença comum a toda nossa equipe".

Essa é uma ideia "fora da caixa"! É isso, "a alegria é a razão de a minha empresa existir". E ele fala sério, pois vive essa ideia, e os resultados são visíveis. Apesar de extremo, você consegue imaginar esse fenômeno no seu mundo? Uma resposta precipitada seria um insulto ao sr. Sheridan... e a mim.

Vou lhe dar nada menos que uma garantia. Como disse, essas palavras saíram da boca, da caneta ou do teclado de pessoas incrivelmente conscientes. Essas citações são suas sínteses, ou sinfonias de vidas bem vividas, contribuições que tornaram o mundo um pouco melhor em todos os cenários imagináveis.

Então, em vez de uma olhada, um aceno de cabeça e um pulo para o próximo item, reflita, reflita e reflita um pouco mais. "Hummmm, isso pode ser aplicado no *meu* mundo???"

Sim:

Reflita!

Reflita!

Reflita!

E aja, sozinho ou em harmonia com seus pares, naqueles que fizerem sentido.

Por favor! Caramba!

Olha, eu me importo com esse negócio. Eu me importo com isso o suficiente para ter viajado a 63 países e enfrentado quase 5 milhões de quilômetros e só Deus sabe quantos "olhos vermelhos" tentando contar esta história. Para implorar às minhas plateias que levassem gente como Richard Sheridan (ver o que já falei sobre ele) a sério. Realmente me importo muito com "tudo isso" e, caramba, eu sei que funciona.

Tenho 78 anos. Este é o meu último suspiro – meu Grande Esforço final para que eu seja ouvido por líderes e não líderes do mundo dos negócios e de outros mundos.

Por favor.

Por favor.

(Caramba!)

Como usar este livro

Não há capítulos. Em vez disso, são 15 tópicos e 75 "tarefas". O Sumário traz o número/título do tópico em negrito, e as tarefas numeradas abaixo.

TÓPICO

1 Primeiras coisas antes das primeiras coisas.

TAREFAS

1.1 Hard (números/planos/organogramas) é soft.
Soft (pessoas/relacionamentos/cultura) é hard.
1.2 Contratação: Soft skills, IE primeiro, 100% de empregos.
1.3 Treinamento: Investimento de capital empresarial nº 1.
1.4 Líderes da linha de frente: Força corporativa nº 1.
1.5 Mulheres comandam (ou deveriam).
1.6 Responsabilidade permanente com a comunidade, engajamento extremo com a comunidade.
1.7 Inclusão universal: Toda ação, toda decisão.
1.8 Gerenciar é o auge da realização humana.

TÓPICO

2 Excelência são os próximos cinco minutos (ou não).

TAREFAS

2.9 Excelência são os próximos cinco minutos (ou não).
2.10 Excelência: Desempenho organizacional. O negócio do aperfeiçoamento humano.
2.11 Excelência: Pessoas *realmente* em primeiro lugar. Administração moral/Obrigação moral.
2.12 O alicerce da excelência: Investir (muito, o tempo todo) em relacionamentos.
2.13 Excelência: EPMPs/Empresas de Pequeno e Médio Porte. Empregadores incomparáveis/Inovadores incomparáveis.
2.14 Excelência: Suficiente.
2.15 Excelência: Insuficiente. Milton Friedman como o "Anti-Bogle": O fiasco de "maximizar o valor para o acionista" de Friedman/1970-???
2.16 Excelência é um estilo de vida. Excelência é espiritual. Excelência empresarial tem a ver com quem somos e de que modo contribuímos.

Ao longo deste livro, há "tarefas" específicas, viáveis, destacadas por uma caixa rosa.

TÓPICO.TAREFA

1.2

Contratação:
Soft skills, IE primeiro, 100% de empregos

"Em resumo, contratar é o aspecto mais importante da empresa, no entanto, isso ainda é lamentavelmente incompreendido." **PHILIP DELVE BROUGHTON**, "The Hard Work of Getting Ahead", *Wall Street Journal*

TAREFAS

> **Tarefa 2A** Caro chefe, você pode se declarar honestamente um *profissional contratante* desenvolvido por completo? Caso não possa, o que vai fazer em relação a isso? Esse é o seu trabalho – o aspecto mais importante da empresa. Não deve ser deixado para o departamento pessoal.

"O filtro final que usamos [no processo de contratação] é só contratar pessoas legais. Quando terminamos de avaliar as habilidades, fazemos uma coisa chamada 'enfrentando o desafio'. Promovemos a interação dos candidatos com quinze ou vinte pessoas, e cada uma delas tem o que chamo de 'voto de rejeição', o que significa que podem dizer se não devemos contratar aquela pessoa. Acredito muito na cultura e na história de que uma única laranja podre pode arruinar todas as que estiverem com ela. Existe por aí muita gente talentosa que é legal – você não precisa tolerar pessoas que se comportam como babacas." **PETER MILLER,** CEO da Optinose

35 1 Primeiras coisas antes das primeiras coisas.

1.1 Hard (números/planos/organogramas) é soft.
Soft (pessoas/relacionamentos/cultura) é hard.

1.2 Contratação: Soft skills, IE primeiro, 100% de empregos.

1.3 Treinamento: Investimento de capital empresarial nº 1.

1.4 Líderes da linha de frente: Força corporativa nº 1.

1.5 Mulheres comandam (ou deveriam).

1.6 Responsabilidade permanente com a comunidade,
engajamento extremo com a comunidade.

1.7 Inclusão universal: Toda ação, toda decisão.

1.8 Gerenciar é o auge da realização humana.

70 2 Excelência são os próximos cinco minutos (ou não).

2.9 Excelência são os próximos cinco minutos (ou não).

2.10 Excelência: Desempenho organizacional. O negócio do
aperfeiçoamento humano.

2.11 Excelência: Pessoas *realmente* em primeiro lugar.
Administração moral/Obrigação moral.

2.12 O alicerce da excelência: Investir (muito, o tempo todo) em
relacionamentos.

2.13 Excelência: EPMPs/Empresas de Pequeno e Médio Porte.
Empregadores incomparáveis/Inovadores incomparáveis.

2.14 Excelência: Suficiente.

2.15 Excelência: Insuficiente. Milton Friedman como o "Anti-
-Bogle": O fiasco do "maximizar o valor para o acionista" de
Friedman/1970-???

2.16 Excelência é um estilo de vida. Excelência é espiritual.
Excelência empresarial tem a ver com quem somos e de que
modo contribuímos.

92 3 Estratégia é uma mercadoria. Execução é uma arte.

3.17 Execução: "Dá para fazer"/Os "últimos 95%".

3.18 Execução: Conrad Hilton e as cortinas de banho presas.

3.19 Execução: Simplifique/Execução é estratégia/A lei de ferro da execução.

99 **4** **Pessoas *realmente* em primeiro lugar.**

4.20 Pessoas *realmente* em primeiro lugar: Tornando-se mais do que jamais sonharam ser.

4.21 Colocar as pessoas *realmente* em primeiro lugar: Trabalhadores em meio período como parte da família.

4.22 Pessoas em primeiro lugar – por que isso não é óbvio para todo mundo: "Treinador Belichick, seus jogadores são muito importantes".

4.23 DPMLAOPMLPCPFMPM: Departamento de Pessoas Muito Legais Ajudando Outras Pessoas Muito Legais a Progredir, Crescer e Prosperar e Fazer o Mundo um Pouco Melhor.

4.24 Avaliações: Pessoas *não* são "padronizadas". Avaliações *não* devem ser padronizadas. Nunca.

4.25 Decisões de promoção/Vida ou morte.

4.26 Pessoas *realmente* em primeiro lugar: E³ (EEE)/ Engajamento extremo do empregado.

4.27 Sua escolha: Inteligência artificial. Inimiga? Ou amiga?

4.28 Pessoas em primeiro lugar: Um legado inigualável.

124 **5** **Sustentabilidade extrema.**

5.29 Sustentabilidade extrema. Impacto ambiental. Urgência das mudanças climáticas.

128 **6** **Estratégia de valor agregado nº 1:** Humanismo Extremo: Um espelho tão grande quanto um band-aid.

6.30 Estratégia de valor agregado nº 1: Humanismo Extremo/ Primazia do design. Consciência onipresente do design.

	6.31	Humanismo Extremo. Design como alma. Design como serviço à humanidade. Design como quem somos.
	6.32	Design/Excelência/Humanismo Extremo. As últimas palavras: Não só o clean, mas também o bonito e o natural.

146 7 Estratégia de valor agregado nº 2:
CDCs: Coisas que Deram Certo.
Experiências emocionalmente cativantes. Experiências que permanecem. Pequeno > Grande. O melhor banheiro dos Estados Unidos.

	7.33	Estratégia de valor agregado nº 2: Uma avalanche de CDCs/ Coisas que Deram Certo. Pequeno > Grande.
	7.34	Seja o melhor. Esse é o único mercado de trabalho que não está saturado. Jungle Jim's/Central CDC. O melhor banheiro dos Estados Unidos.
	7.35	CDCs: Pequeno > Grande. Adotar o CDC: Uma característica cultural.

154 8 Estratégia de valor agregado nº 3:
Foco na renda bruta. Melhor antes do mais barato.
Renda antes do custo. Não há outras regras.

	8.36	Estratégia de valor agregado nº 3: Foco na renda bruta. Melhor antes do mais barato. Lucro antes do custo. Não há outras regras.

157 9 Estratégia de valor agregado nº 4:
Não é necessário existir essa coisa de mercadoria.
Garagem como ícone cultural. Encanador como artista.

	9.37	Estratégia de valor agregado nº 4: Não é necessário existir essa coisa de mercadoria. Garagem como ícone cultural. Encanador como artista.

162 10 Estratégia de valor agregado nº 5:
Serviços (de todos os tipos imagináveis) agregados.

10.38 Estratégia de valor agregado nº 5: Serviços (de todos os
tipos imagináveis) agregados. "Fazemos qualquer coisa
por você." De departamento como "centro de custo" para
"empresa de prestação de serviço profissional".

167 11 Estratégia de valor agregado nº 6:
Uma estratégia ousada de mídia social. A regra "20-5".
Um tuíte > Um anúncio no Super Bowl. Você é sua
estratégia de mídia social.

11.39 Estratégia de valor agregado nº 6: Uma estratégia ousada de
mídia social. A regra "20-5". Um tuíte > Um anúncio no Super
Bowl. Você é sua estratégia de mídia social.

172 12 Estratégias de valor agregado nº 7 e nº 8:
Mulheres compram TU-DO e profissionais de marketing
(ainda) não entendem.
"Velhos" têm TO-DO o dinheiro e profissionais de
marketing (ainda) não entendem.

12.40 Estratégia de valor agregado nº 7: O gigantesco e mal
atendido mercado feminino de mais de US$ 28 trilhões.
12.41 Dominando o mercado feminino. Você consegue passar
no "teste do escrutínio"?
12.42 Estratégia de valor agregado nº 8: O gigantesco e mal
atendido mercado dos "velhos". "Velhos" têm todo o dinheiro/
Como os profissionais de marketing podem ser TÃO
sem noção?
12.43 Últimas palavras: Estratégias de valor agregado nº 7 e nº 8:
Megaoportunidades perdidas. Estupidez* estratégica grosseira.
(*Palavra forte... cuidadosamente escolhida).
12.44 Resumo: Oito estratégias de valor agregado.

185 13 QTFMCV/Quem Tentar Fazer Mais Coisas (E Estragar Mais Coisas Mais Depressa) Vence.
Jogar com seriedade. A essência da inovação. Errar. Avançar. Depressa. Diversidade atropela habilidade. Aprenda a não ser cuidadoso.

13.45 Inovação nº 1: QTFMCV/Quem Tentar Fazer Mais Coisas Vence.

13.46 Inovação: O imperativo insanamente importante da falha rápida. QTFMCV (EEMCMD) V/Quem Tentar Fazer Mais Coisas (E Estragar Mais Coisas Mais Depressa) Vence.

13.47 Inovação: Um mandamento cultural. Todo mundo envolvido em um "jogo sério".

13.48 Inovação: Você perde 100% das tentativas que nunca fez.

13.49 Inovação nº 2: A estratégia de "andar com o esquisito".

13.50 Inovação nº 3: O poder/A necessidade de desconforto.

13.51 Inovação nº 4: Evite moderação/O poder da "loucura".

13.52 Inovação nº 5: Um grito do coração por criatividade além de 2020. Um legado, alimente-o e mantenha-o vivo.

204 14 Liderar com compaixão e cuidado.
Você precisa se importar. GAPA/Gerenciar Andando Por Aí. GEPZ/Gerenciar Encontrando Pelo Zoom. GAPA/GEPZ: Atividade do líder nº 1. Reconhecimento: A Palavra Mais Poderosa. Sou um distribuidor de entusiasmo. Ouvir: Valor Essencial nº 1. Gentileza é de graça. Ler. Ler. Ler.

14.53 Alicerce da liderança: "Importismo". Você precisa se importar.

14.54 GAPA/Gerenciar Andando Por Aí/O farol de *Vencendo a crise*.

14.55 GAPA encontra GEPZ. Gerenciar Encontrando Pelo Zoom se torna o "novo normal".

14.56 Reuniões = Oportunidade de liderança nº 1. Excelência ou falência.

14.57 Regra nº 1 da liderança para garantir as coisas feitas. Dedique 80% (!!!) do seu tempo a recrutar e nutrir aliados e a perseguir pequenas vitórias. (Regra nº2: Ver Regra nº 1).

14.58 TCF/Ter as Coisas Feitas. Ferramenta poderosa nº 1: "Desça pelo sucesso".

14.59 Liderar = Hora do show. O *verdadeiro* maior artista.

14.60 Amar a liderança (ou não).

14.61 Liderança. (Muito) Tempo não planejado. A aspiração 50%. Uma necessidade. Sem opção.

14.62 Liderança: Ler (e ler e ler...).

14.63 Habilidade de liderança nº 1 e Valor Essencial nº 1. Escuta "agressiva"/Escuta "feroz".

14.64 A armadilha da velocidade/DE-VA-GAR.

14.65 Frequentemente (e estupidamente) negligenciado... "Poder do silêncio": Contrate o quieto. Promova o quieto. Pessoas barulhentas não são as mais criativas. Pessoas barulhentas não são os melhores vendedores. Pessoas barulhentas não são os melhores líderes.

14.66 Positivo supera negativo em 30 para 1! Reconhecimento = A mais poderosa "ferramenta" de liderança.

14.67 Obrigado: A "Regra dos 30 mil", mais uma dezena de bilhetes manuscritos de agradecimento uma vez por dia durante dez anos.

14.68 Pedir desculpas funciona. A mágica da "ligação de três minutos". Pedir desculpas compensa.

14.69 Autoconhecimento. Diferenciador do líder nº 1. A qualidade da sua autopercepção é péssima.

14.70 Liderança/14 = 14. 14 pessoas = 14 estratégias de comunicação radicalmente diferentes.

14.71 Uma cultura de gentileza.

14.72 Graça.

14.73 Líder como "Diretor de Cultura". Cultura "é o jogo".

14.74 Liderar com Excelência. 21 táticas comprovadas.

254 15 Resumo executivo.
Excelência agora: Os 43 Números Um.

15.75 Excelência agora: Os 43 Números Um.

267 Palavras finais.

270 Agradecimentos especiais.

Primeiras coisas antes das primeiras coisas

TÓPICO.TAREFA

1.1

Hard (números/planos/organogramas) é soft
Soft (pessoas/relacionamentos/cultura) é hard

> *"Os termos 'fatos concretos (hard)' e 'as coisas interpessoais (soft)' usados em negócios sugerem que dados são, de algum modo, mais reais e fortes, emoções são fracas e menos importantes."*
> **GEORGE KOHLRIESER**, *Refém na mesa de negociações*

Minha vida em seis palavras: *Hard é soft. Soft é hard.*

Hard (números/planos/organogramas) é soft: planos são fantasias, muitas vezes; organogramas têm pouco a ver com a maneira como a organização realmente funciona; e números são facilmente manipulados. Por exemplo: membros de agências de classificação e análise quantitativa embalaram com astúcia e avaliaram "derivativos" de hipotecas sem valor, desencadeando o crash financeiro de muitos trilhões de dólares a partir de 2007-2008.

Soft (pessoas/relacionamentos/cultura) é hard: as melhores "práticas de pessoal" (atenção, treinamento, reconhecimento) criam as organizações mais íntegras e voltadas para a comunidade – e também são vencedoras no mercado de trabalho. Práticas de pessoal efetivas, design que inspira, clientes fascinados, vendedores que se desdobram para ajudar, são todos subprodutos de uma cultura solidária construída um dia de cada vez.

Essa foi a base de *Vencendo a crise*. Essa é a base do meu trabalho hoje. Essa tem sido a base de todos os meus livros. "Hard é soft/soft é hard" tem sido adotado por alguns, mas receio que não seja a norma. E, neste momento, somos atacados pela Covid-19 e por uma profunda inquietação social. Comportamento humano e consciente é mais importante que nunca, de fato. Muito mais importante!

> **Tarefa 1A** Hard é soft. Soft é hard. Chegou a hora. O tempo é agora. Ponha as coisas importantes em primeiro lugar. Começando pelo seu próximo trabalho presencial ou trabalho remoto/reunião por Zoom.

Google é uma grande surpresa soft

"*O Projeto Oxygen chocou todo mundo ao concluir que, entre as oito qualidades mais importantes dos funcionários nos mais altos postos do Google, a expertise em ciências, tecnologia, engenharia e matemática aparecia em último lugar. As sete características do sucesso no Google são soft skills, ou habilidades interpessoais: ser um bom treinador; comunicar-se e ouvir bem; ter insights sobre os outros (inclusive sobre os valores e pontos de vista diferentes dos outros); ter empatia com os colegas e ser solidário com eles; ser um bom pensador crítico e solucionador de problemas; e ser capaz de fazer conexões entre ideias complexas. Essas características parecem mais propícias a um graduado em inglês ou teatro do que a um programador.*

O Projeto Aristóteles... continua sustentando a importância das soft skills (habilidades interpessoais) em ambientes high-tech. O Projeto Aristóteles analisa dados de equipes inventivas e produtivas. O Google se orgulha de suas equipes A, montadas com cientistas de ponta, cada um deles com o mais especializado conhecimento e capaz de produzir uma ideia inovadora atrás da outra. Sua análise de dados revelou, porém, que as ideias mais importantes e produtivas da companhia saem das equipes B, formadas por empregados que nem sempre têm que ser as pessoas mais inteligentes da sala. O Projeto Aristóteles mostra que as melhores equipes no Google exibem uma variedade de soft skills: igualdade, generosidade, curiosidade em relação às ideias de outros companheiros de equipe, empatia e inteligência emocional. E no topo da lista: segurança emocional. Nada de bullying."

VALERIE STRAUSS, "The Surprising Thing Google Learned About Its Employees – and What It Means for Today's Students", *Washington Post*

As "coisas soft" são, no mínimo, tão importantes na super high-tech Google do Vale do Silício quanto para o pessoal que serve as mesas em um restaurante em Annapolis, Maryland. Essa é uma revelação bombástica, que, pensando bem, não me surpreendeu nem um pouco. Também deveria ser um chamado à ação para todos os líderes.

> **Tarefa 1B** Eu, um velho profissional que já "viu de tudo", me espantei quando li o relatório do Google. Talvez tenha exclamado alguma coisa. Espero sinceramente que você se surpreenda. E depois releia devagar três ou quatro vezes. E compartilhe muito. E discuta intensamente. (Você deve ser capaz de criar um caminhão de tarefas para si mesmo a partir disso. A mensagem poderia ser mais clara? E do Google, pelo amor de Deus.)

Soft é hard: "Compassionomics".
Compaixão salva vidas.
Compaixão aumenta os resultados financeiros.

> *"Muitas vezes somos levados a crer que sentimentos como compaixão e gentileza são demonstrações de fraqueza, em vez de sinais de força. E frequentemente estamos preparados para ceder à falsa crença de que a maldade equivale a resistência, de alguma maneira, e que a empatia é destituída de poder. Mas a evidência neste livro sugere o contrário."*
> ... do prefácio do senador **CORY BROOKER** para o livro *Compassionomics*

Compassionomics: The Revolutionary Scientific Evidence That Caring Makes a Difference é um livro escrito por dois pesquisadores e profissionais da área de saúde. Trata-se de uma obra sobre assistência médica. Só que não. É um livro sobre liderança – o melhor que li em anos. É um livro de negócios – sobre comportamentos que produzem resultados dramaticamente melhores, independentemente do contexto em que são aplicados esses comportamentos. E *Compassionomics* pode fornecer o melhor exemplo de "Hard é soft. Soft é hard" que já vi.

O coautor Stephen Trzeciak é médico e pesquisador. Ele não é só um "pesquisador". Ele é um pesquisador realista e determinado, um analista de dados quantitativos. E seu livro em parceria com o dr. Mazzarelli é repleto de relatórios de pesquisas quantitativas meticulosamente verificadas. Mas o tema é compaixão. E a evidência impressionante é de que a compaixão vale a pena em ambientes de assistência médica. Não só poupa inúmeras vidas (acelera a cura, reduz efeitos colaterais, melhora acuidade mental e mais), o resultado mais importante, como também conduz de forma rotineira a resultados financeiros dramaticamente melhores para os prestadores de cuidados de saúde.

Um trecho da introdução:

"Você pode se surpreender por saber que Darwin não criou a expressão 'sobrevivência do mais forte', pela qual é conhecido. Foi Herbert Spencer, um conhecido biólogo e antropólogo britânico, que a cunhou depois de ler as opiniões de Darwin sobre a evolução. Com o tempo, essa concepção foi mal interpretada e se tornou a crença amplamente difundida de que as opiniões de Darwin eram justificativa para comportamento agressivo, do tipo predador.

O que Darwin concluiu, na verdade, foi diferente e até mais impressionante. De acordo com Darwin, as comunidades com maior compaixão por outras 'progrediam mais e tinham o maior número de descendentes'. Resumindo, o corpo de evidências científicas corrobora que a compaixão protege a espécie de fato."

Página após página, capítulo após capítulo, os doutores Trzeciak e Mazzarelli fornecem evidências convincentes e irrefutáveis do poder da compaixão. Digo ao meus leitores, sem nenhuma hesitação, que a pesquisa relatada em *Compassionomics* – que, repito, é o melhor livro sobre liderança que encontrei em anos – aplica-se de um para um (pode pensar em 1001 a 1001) a qualquer negócio ou outro cenário organizacional que se possa imaginar.

Leia o livro.

Compartilhe o livro com outras pessoas.

Coloque em prática as conclusões irrefutáveis do livro.

Compaixão melhora vidas.

Compaixão salva vidas.

Compaixão recompensa.
Hard é soft. Soft é hard.

Tarefa 1C Na verdade, não "leia este livro". Em vez disso: estude este livro. Traduza-o para o seu mundo. Com seus pares, crie uma lista de ações. (Tenha em mente que levar realmente a sério a realização de sua versão de "compaixãonomia" requer ir fundo na cultura de sua organização e alterá-la.)

O soft edge

"Acredito que o mundo dos negócios esteja em uma encruzilhada, em que pessoas hard edge estão dominando a narrativa e a discussão... A batalha por dinheiro e atenção em ebulição dentro da maioria das companhias e entre a maior parte dos gestores é essa entre o hard edge e o soft edge...

Muitas companhias investem pouco tempo e pouco dinheiro em sua excelência soft edge... As três principais razões para esse erro são:

• O hard edge é mais fácil de quantificar.

• Investimento em hard edge fornece um retorno mais rápido do investimento.

• CEOs, CFOs, diretores operacionais, conselhos de diretores e acionistas falam a linguagem das finanças...

Agora vou defender o investimento de tempo e dinheiro no soft edge da sua companhia:

• A força do soft edge leva a maior reconhecimento de marca e mais elevadas margens de lucro; é a passagem para sair do reino das commodities.

• Companhias que têm um soft edge forte são mais bem preparadas para sobreviver a um grande erro estratégico ou a uma perturbação cataclísmica...

A força do hard edge é absolutamente necessária para competir, mas fornece uma vantagem fugaz."

RICH KARLGAARD, *A teoria soft edge: Como as empresas encontram sucesso duradouro*

A teoria soft edge: Como as empresas encontram sucesso duradouro tem títulos por seção que sustentam esta mensagem: "Confiança." "Equipes." "Sabor." "Inteligências." "História."

Honestidade total: gosto mais da definição de Rich Karlgaard que da minha para "soft"! E fico eufórico por ele ter dedicado um livro inteiro a esse assunto – talvez o primeiro do tipo.

"Coisas soft": Carente em ação

> *"Quando eu estava na faculdade de medicina, passava centenas de horas olhando por um microscópio – uma habilidade que nunca precisei ter ou sequer usar. No entanto, não tive uma só aula que me ensinasse habilidades de comunicação ou trabalho em equipe, algo de que preciso todos os dias quando entro no hospital."*
> **PETER PRONOVOST,** *Safe Patients, Smart Hospitals: How One Doctor's Checklist Can Help Us Change Healthcare from the Inside Out*

Pronovost, que comanda a UTI do Johns Hopkins, levou checklists ao atendimento médico, e tem sido responsável por salvar dezenas de milhares de vidas. Escolas profissionalizantes em geral – por exemplo, medicina, engenharia, administração – têm um péssimo histórico de atenção às "coisas soft". Abordar esse déficit de proporções épicas é um dos objetivos principais para mim, senão o principal.

> *"Estou ali sentado ouvindo uma apresentação depois da outra enfatizando as impressionantes e inovadoras atividades [dogma da pessoa em primeiro lugar, estilo de liderança, cultura comunitária etc.] que fizeram aquela organização tão saudável, e me inclinei e fiz ao CEO uma pergunta retórica: 'Por que seus concorrentes não fazem nada disso?'. Depois de alguns segundos, ele cochichou quase com tristeza: 'Sabe, francamente, acho que eles se consideram superiores a isso'".*
> **PATRICK LENCIONI,** *A maior de todas as vantagens*

> **Tarefa 1D** "Eles se consideram superiores a isso." É triste, mas décadas de observação me levam a pensar que isso é muito verdadeiro. Qual é o seu lugar nisso? Sem respostas precipitadas, por favor. Reflita sobre sua última reunião, a última semana, a única conversa significativa com algum membro da sua equipe. Ela reflete e sinaliza claramente atenção primária às "coisas soft"? Não posso fazer mais do que pedir que você coloque as coisas soft no topo da *sua* agenda, permanentemente. E perceba que, independentemente da sua área, *você está no ramo das coisas soft!*

Hard é soft/Soft é hard/
Agora é a hora (Espero)

Meus últimos 44 anos foram dedicados "religiosamente" (essa é quase a palavra exata) a insistir em/gritar por/implorar por *Hard é soft*. *Soft é hard*. Infelizmente, tive menos sucesso do que esperava, bem menos. Mas há uma chance, acelerada pelo caos que nos cerca, de ter chegado o momento em que aquelas seis palavras vão ocupar seu lugar no início da fila. (Inclusive em programas de MBA?)

Alguns líderes têm se comportado de forma admirável diante da loucura resultante da Covid-19 e da inquietação social. Outros, não.

As lembranças perduram. E acredito que aqueles que se comportaram bem, os que puseram as pessoas realmente em primeiro lugar, podem finalmente ocupar o centro do palco e empurrar para o lado os profissionais cortadores de custos, os que adotam a tecnologia de maneira inconsciente e os desalmados "maximizadores de valores acionários". A expressão "o novo normal" tem sido excessivamente usada de um jeito horrível, mas talvez, apenas talvez, este seja o momento do *Hard é soft*. *Soft é hard*. Líderes que concordam com isso – em empreendimentos, de pequenos a enormes, e particularmente considerando as consequências da pandemia e nossa maior consciência da avassaladora desigualdade social – vão se tornar nossos principais e celebrados exemplos.

Hard é soft/Soft é hard/Últimas palavras

"O primeiro passo é medir o que pode ser facilmente medido. Isso é ok, até certo ponto.

O segundo passo é desconsiderar o que não pode ser mensurado, ou dar a isso um valor quantitativo arbitrário. Isso é artificial e enganoso.

O terceiro passo é dizer que o que não pode ser mensurado não existe de verdade. Isso é suicídio."

DANIEL YANKELOVICH, sobre as limitações dos modelos analíticos

1.2

Contratação:
Soft skills, IE primeiro, 100% de empregos

"Em resumo, contratar é o aspecto mais importante da empresa e, no entanto, isso ainda é lamentavelmente incompreendido."
PHILIP DELVES BROUGHTON, "The Hard Work of Getting Ahead", *Wall Street Journal*

> **Tarefa 2A** Caro chefe, você pode se declarar honestamente um *profissional contratante* desenvolvido por completo? Caso não possa, o que vai fazer em relação a isso? Esse é o seu trabalho – o aspecto mais importante da empresa. Não deve ser deixado para o departamento pessoal.

"O filtro final que usamos [no processo de contratação] é só contratar pessoas legais. Quando terminamos de avaliar as habilidades, fazemos uma coisa chamada 'enfrentando o desafio'. Promovemos a interação dos candidatos com quinze ou vinte pessoas, e cada uma delas tem o que chamo de 'voto de rejeição', o que significa que podem dizer se não devemos contratar aquela pessoa. Acredito muito na cultura e na história de que uma única laranja podre pode arruinar todas que estiverem com ela. Existe por aí muita gente talentosa que é legal – você não precisa tolerar pessoas que se comportam como babacas."
PETER MILLER, CEO da Optinose

> **Tarefa 2B** Leia. Releia. Compartilhe. A indústria farmacêutica não é um setor em que se esperam tais palavras. Dê atenção em particular a "existe por aí muita gente talentosa que é legal".

> **Tarefa 2C** Contrate gente legal. 100% dos empregos. Se não, por que não?

"Quando falamos sobre as qualidades que queremos nas pessoas, a empatia está entre as importantes. Se você é capaz de ter empatia com as pessoas, então pode fazer um bom trabalho. Se não é capaz de ter empatia... nesse caso é difícil ajudar as pessoas a melhorar. Tudo fica mais difícil. Um jeito pelo qual a empatia se manifesta é a cortesia... Não é só ter um verniz de polidez, mas realmente tentar prever as necessidades de outra pessoa e atendê-las antecipadamente."
STEWART BUTTERFIELD, cofundador e CEO da Slack

"Procuramos pessoas que sejam afetuosas, atenciosas e verdadeiramente altruístas. Procuramos pessoas que tenham uma postura divertida e amorosa."
COLLEEN BARRETT, ex-presidente da Southwest Airlines

"Não consigo nem dizer quantas vezes ignoramos figurões por causa de pessoas que achávamos ser boas e vimos nosso pessoal se sair melhor que os grandes nomes, não só na sala de aula, mas em campo e, naturalmente, depois que se formaram também. É comum os figurões perderem o brilho e nossos pequenos promissores progredirem com esforço e chegarem aos melhores times de todas as ligas e à seleção dos melhores jogadores americanos."
BO SCHEMBECHLER, lendário treinador de futebol, em *Bo's Lasting Lessons: The Legendary Coach Teaches the Timeless Fundamentals of Leadership*

Contratar por QE[2]
1,7% contra 50-77%

"O que eu achava que aprenderia em enfermagem quando comecei: química, biologia, física, farmacologia e anatomia. E o que agora sei

---

2 Quociente de empatia. [N.E.]

que é a verdade da enfermagem: filosofia, psicologia, arte, ética e política."
CHRISTIE WATSON, *The Language of Kindness: A Nurse's Story*

"Também recorremos às nossas experiências no programa IMPaCT da Universidade da Pensilvânia, no qual desenvolvemos uma abordagem inovadora para contratar trabalhadores da área de saúde da comunidade [CHWs], um segmento da força de trabalho em saúde que cresce rapidamente. Nossa abordagem resultou em uma taxa de rotatividade de 1,7%, comparada ao padrão da área de 50-77% ao ano. E, de fato, as pessoas que contratamos alcançam resultados: diversos testes controlados aleatórios demonstraram que nossos CHWs ajudaram a melhorar a saúde e a qualidade, enquanto reduziam os números de dias de hospitalização em 65%...

"O que ajuda as pessoas a se tornar e permanecer saudáveis?... Perguntamos isso a milhares de pacientes de alto risco e fizemos uma relação dos obstáculos que esses pacientes enfrentavam. Promovemos brainstorms para encontrar possíveis soluções, depois listamos atributos que seriam necessários a um profissional... Atributos como ser membro da comunidade e o altruísmo ocuparam o topo dela... Igualmente importantes eram os atributos que, surpreendentemente, não faziam parte de nossa lista – formação universitária e técnica, ou até mesmo treinamento anterior em clínica... Currículos, diplomas e certificados de treinamentos são, normalmente, credenciais valorizadas que as empresas de assistência médica usam para avaliar candidatos... Elas pouco revelam sobre características de personalidade ou atitudes."
ELENA BUTLER e **SHREYA KANGOVI**, "Health Care Providers Are Hiring the Wrong People", *Harvard Business Review*

> **Tarefa 2D** Não creio que isso exija muita explicação, exceto uma repetição: 50-77% para 1,7% de rotatividade. Redução de tempo de hospitalização de 65%. Por favor, reflita. Depois traduza em ação. Agora.

Contratação

Linguagem simples, por favor!

- Legal.
- Empático.
- Cortês.
- Ouvinte.
- Afetuoso.
- Cuidadoso.
- Altruísta.
- Sorridente.
- Diz "obrigado".
- Membro de comunidade.
- Orientado para o serviço.
- "Melhor pessoa."
- Nada de babacas.

Tarefa 2E Esses atributos – na linguagem precisa utilizada aqui, não na versão burocrática afetada – são requisitos formais de contratação para todas as posições em sua organização? Se não são, por que não?

Restaurar a contratação do "soft":

Amar o mal-amado diploma de ciências humanas.

"*Na graduação, quem tem um diploma na área de negócios ou de profissões convencionais (engenheiros, advogados etc.) tem índices mais elevados de convites para entrevistas e contratação, e um salário inicial mais alto do que os recém-formados em ciências humanas.*

Em vinte anos, graduados em ciências humanas progrediram mais que seus colegas formados nas áreas de negócios. Em uma gigantesca empresa de tecnologia, 43% dos formados em ciências hu-

manas chegaram a posições de nível médio e superior de administração, comparados a 32% dos graduados em engenharia. Em uma gigantesca empresa de serviços financeiros, 60% dos piores administradores, de acordo com as avaliações da companhia, tinham MBAs*, enquanto 60% dos melhores tinham apenas bacharelado."*

Extraído da pesquisa de Michael Useem publicada no livro de **HENRY MINTZBERG**, *A Hard Look at the Soft Practice of Managing and Management Development*

Dê uma olhada:

- *O fuzzy e o techie: Por que as ciências humanas vão dominar o mundo digital,* Scott Hartley
- *You Can Do Anything: The Surprising Power of a "Useless" Liberal Arts Education,* George Anders
- *Sensemaking: O poder da análise humana na era dos algoritmos,* Christian Madsbjerg
- *Por que os generalistas vencem em um mundo de especialistas,* David Epstein

Tarefa 2F Independentemente da natureza do empreendimento, procure candidatos de ciências humanas para a vaga. Mais formados em teatro! Mais formados em filosofia! Mais formados em história! Por favor!

1.3

Treinamento:
Investimento de capital empresarial nº 1

> "*Treinamento,*
> *TREINAMENTO,*
> *e M-A-I-S T-R-E-I-N-A-M-E-N-T-O.*"
> **ALMIRANTE CHESTER NIMITZ**, comandante em chefe, comunicado para o Chefe de Operações Navais Ernest King em 1943. A Marinha dos Estados Unidos estava lamentavelmente despreparada na época de Pearl Harbor. A solução? Treinamento. Treinamento era mais importante que equipamento, segundo Nimitz. (Nota: maiúsculas, pontuação, itálicos, são de Nimitz, não meus.)

Se você não acha que treinamento é de importância fundamental, pergunte a um general do Exército, a um almirante da Marinha, a um general da Força Aérea, a um treinador de futebol, a um treinador de tiro com arco, a um chefe dos bombeiros, da polícia, a um diretor de teatro, a um piloto, ao chefe de um pronto-socorro ou de uma UTI, ao chefe de operações de uma usina de energia nuclear, ou a um grande *restaurateur*. Treinar é uma despesa capital, e NADA menos que o Investimento Empresarial nº 1.

Sempre me espanta que na área de negócios, em que a maioria de nós atua, treinamento, crescimento e desenvolvimento "como dos bombeiros" sejam raros. Um curso aqui e ali, uma reunião de vez em quando, mas não é uma preocupação profissional constante.

Vou ser claro: isso vale para empresas de um ou sessenta trabalhadores em que cada pessoa seja, por definição, fundamental, bem como para organizações maiores.

> "*Essencialmente, sempre fui mais um técnico de treino que de jogo. Sou assim porque tenho a convicção de que um jogador que treina bem joga bem.*"
> **JOHN WOODEN**, *They Call me Coach*

> *"Todo mundo tem vontade de vencer. Muito mais importante é ter vontade de se preparar para vencer."*
> **BOBBY KNIGHT**, *Knight, My Story*

> *"Me dê seis horas para cortar uma árvore, e vou passar as primeiras quatro afiando o machado."*
> **ABRAHAM LINCOLN**

Dei um zilhão de palestras, mais ou menos sobre o mesmo tema. Porém, me preparar para minha próxima palestra de 45 minutos vai levar cerca de trinta horas. *Preparação é o que faço para viver – o resto, de verdade, são detalhes.*

As perguntas sobre treinamento:
Se não, por que não?

Seu Diretor de Treinamento (DT) é seu profissional mais bem pago de nível C, com exceção do CEO/COO? Se não, *por que não?* É claro, sei que você provavelmente não tem um Diretor de Treinamento. E seu DT é o Diretor de Tecnologia, certo? Que pena. E que burrice.

Seus melhores treinadores são remunerados e tratados tão bem quanto seus melhores engenheiros ou profissionais de marketing? Se não, *por que não?*

Seus treinamentos são tão excelentes que fazem você vibrar? Se não, *por que não?*

Se você parar os funcionários aleatoriamente no corredor, eles conseguem descrever com detalhes seu plano de treinamento e desenvolvimento para os próximos doze meses? Se não, *por que não?*

Minhas quatro grandes apostas desanimadoras:

- Aposta nº 1: > 5 de 10 CEOs consideram o treinamento uma despesa em vez de um investimento.
- Aposta nº 2: > 5 de 10 CEOs consideram o treinamento defesa, e não ataque.

- Aposta nº 3: > 5 de 10 CEOs consideram o treinamento um mal necessário, e não uma oportunidade estratégica.
- Aposta nº 4: > 8 de 10 CEOs, em uma análise ampla de suas empresas, nem mencionariam o treinamento.

A enorme probabilidade de eu vencer todas essas apostas é um sinal de grande estupidez dos líderes.

Tarefa 3A Já falei claramente: treinamento = investimento de capital nº 1, agora mais que nunca, quando procuramos a diferenciação na era da IA. Por favor, rumine, rumine e rumine essa ideia. Você concorda? Se não, por que não?

Tarefa 3B Reveja em detalhes sua abordagem de treinamento e o investimento que faz nisso. Avalie minuciosamente a qualidade de cada um de seus treinamentos. Avalie a qualidade da equipe de treinamento. Avalie o nível de treinamento para cada um e todos os funcionários. Esta é uma questão estratégica primordial: o esforço não deve ser feito às pressas. (Você pode precisar da ajuda de alguém de fora.)

Treinamento:
Uma cultura de treinamento e aprendizado

Treinamento na escala que estou sugerindo é muito mais que uma atividade programática. Reconheço que serei repetitivo, mas treinamento como capital de investimento nº 1 é um jeito de ser, um atributo cultural principal. O Tópico Três, Pessoas em Primeiro Lugar, descreve um ambiente inteiramente dedicado ao crescimento e Engajamento Extremo do Empregado. E, no topo da lista dos facilitadores de extremo crescimento do empregado, está... "treinamento, TREINAMENTO e M-A-I-S T-R-E-I-N-A-M-E-N-T-O".

> **Tarefa 3C** Você descreveria treinamento e desenvolvimento como um atributo primordial na cultura da sua organização? E concorda com essa necessidade? Por favor, discuta amplamente e de maneira brutal. (Seja duro consigo mesmo, se for necessário.)

Treinamento:
A última palavra

"Treine as pessoas bem o bastante para que elas possam ir embora, trate-as bem o bastante para que não queiram ir."
RICHARD BRANSON em um tuíte

Treinamento:
O último sermão

P: Qual é a diferença em necessidades de treinamento entre o vendedor da Subaru da minha região, um restaurante próximo com 25 mesas, a oficina de conserto de eletrodomésticos com nove funcionários onde procuramos assistência, a Sinfônica de San Francisco e as pessoas de 49 anos de San Francisco?
R: Não tem diferença.
Entendeu?

1.4

Líderes da linha de frente: Força corporativa nº 1

"Em grandes exércitos, o trabalho dos generais é apoiar seus sargentos."
CORONEL TOM WILHELM, em "The Man Who Would Be Khan",
de Robert Kaplan, *Atlantic*

FATO Se o comandante do regimento perdesse a maioria de seus segundos-tenentes, primeiros-tenentes, capitães e majores, seria uma tragédia. Se ele perdesse seus sargentos, seria uma catástrofe.

FATO O Exército e a Marinha têm plena consciência de que o sucesso no campo de batalha depende, em nível impressionante, de seus sargentos e pequenos oficiais de comando – isto é, do contingente de gestores de linha de frente.

A indústria tem a mesma consciência que os militares? Minha resposta: não!

As empresas pensam que encontrar a pessoa certa para preencher uma vaga de chefia na linha de frente é importante? Claro que sim.

Mas elas consideram todo o grupo de líderes de linha de frente como nada menos que a Força Corporativa nº 1?

Não!

Não entender tudo isso é um erro estratégico de primeira ordem. Veja a seguir.

Líderes da linha de frente

Líderes da linha de frente são...

- Principais determinantes da produtividade da empresa.
- Principais determinantes da retenção de funcionários.

- Principais determinantes da qualidade de produto e serviço.
- Principais mensageiros e personificações da cultura corporativa.
- Principais pontas-de-lança visíveis por excelência.
- Principais defensores e capacitadores de desenvolvimento sustentável dos empregados.
- Principais propulsores de excelência interfuncional.
- Força nº 1 da Empresa.

Uma lista imponente, não é? E não tem um grama de exagero. Só peço que você reflita sobre o último item: Força nº 1 da Empresa. É indiscutivelmente óbvio, se você acata a lista. Os chefes de linha de frente são os principais determinantes de quase tudo que é importante. Portanto, automaticamente, são a Força da Empresa nº 1.

Sete perguntas-chave sobre líderes de linha de frente

1. Você entende completamente que o líder de linha de frente é o papel-chave de liderança na organização e age com base nisso?
2. Os profissionais em cargos de especialistas (e a chefia de nível mais alto de maneira geral) escolhem líderes de linha de frente individual e coletivamente para receber atenção desenvolvimental especial?
3. Você dedica muito, muito (e muito) tempo à seleção dos supervisores de linha de frente?
4. Está disposto, sem se importar com o sofrimento, a deixar aberta uma vaga de supervisor de linha de frente até poder preenchê-la com alguém espetacular?
5. Você tem os melhores programas de treinamento e desenvolvimento continuado do ramo para supervisores de linha de frente?
6. Você acompanha formalmente e rigorosamente e continuamente os supervisores de linha de frente?
7. Seus supervisores de linha de frente recebem a atenção, o reconhecimento e o respeito que sua posição merece?

> **Tarefa 4A** Analise com cuidado as sete perguntas anteriores. Qual é sua posição em relação a cada uma delas?

> **Tarefa 4B** Releia esta seção com absoluta atenção antes de preencher sua próxima vaga de líder de linha de frente.

Líderes de linha de frente:
resultados financeiros

No mundo todo, praticamente sem exceção, cerca de 50 a 70% dos empregados não são "engajados" com o trabalho que fazem. Uma causa ocupa o topo da lista: chefes ruins. Comece imediatamente uma avaliação profunda de seus chefes de linha de frente. Nenhuma mudança estratégica pode ser mais importante do que elevar a qualidade de todo o seu portfólio de chefes de linha de frente.

> **Tarefa 4C** Considere a ideia de lançar um "Programa de Excelência de Líderes de Linha de Frente" formal. Faça disso uma prioridade estratégica de primeira ordem. Agora mesmo.

1.5

Mulheres comandam (ou deveriam)

"Se você quer que alguma coisa seja dita, peça a um homem; se você quer que alguma coisa seja feita, peça a uma mulher."
MARGARET THATCHER, discurso na Conferência da National Union of Townswomen's Guilds

Um caminhão de evidências diz que as mulheres são as melhores líderes

"Pesquisa [de McKinsey & Company] sugere que, para ter sucesso, as empresas deveriam começar promovendo as mulheres."
NICHOLAS KRISTOF, "Twitter, Women and Power", *New York Times*

"McKinsey & Company descobriu que as empresas internacionais com mais mulheres em seus conselhos corporativos tinham em contrapartida um desempenho muito melhor que a média das empresas em equity e outros quesitos. O lucro operacional era 56% mais alto."
NICHOLAS KRISTOF, "Twitter, Women and Power", *New York Times*

"Como líderes, as mulheres comandam: novos estudos descobrem que mulheres em cargos de chefia superam suas contrapartes masculinas em quase todos os quesitos."
BLOOMBERG BUSINESS WEEK, título de Seção Especial

"As mulheres têm classificação mais alta em doze ou dezesseis competências que fazem parte da liderança de destaque. E duas características nas quais as mulheres superaram os homens no mais alto grau – tomar a iniciativa e orientar para resultados – foram consideradas pontos fortes masculinos por muito tempo."
JACK ZENGER e JOSEPH FOLKMAN, "Are Women Better Leaders than Men?", *Harvard Business Review*

Ao longo desta seção, você vai descobrir que "Mulheres são (líderes melhores etc.)". É óbvio que estou falando "em média". Existem ótimos homens líderes e péssimas mulheres líderes. Mas "em média" – e frequentemente em um grau significativo! – as mulheres são melhores nisso ou naquilo.

> *"Em minha experiência, as mulheres são executivas muito melhores que os homens."*
> **KIP TINDELL**, CEO da Container Store, *Uncontainable: How Passion, Commitment, and Conscious Capitalism Built a Business Where Everyone Thrives*

Com esse pequeno lote de citações, também não estou sugerindo um "caso encerrado" (embora eu mais ou menos pense que é), nem que devemos jogar os homens líderes na lata do lixo.

Estou sugerindo em termos bem claros que, se uma equipe de liderança não tem um número significativo de mulheres – certamente não menos que 40% –, sua organização está cometendo um erro de desempenho estratégico de primeira ordem.

Infelizmente, o caminho é longo

> *"Há menos companhias grandes comandadas por mulheres do que por homens chamados John."*
> **JUSTIN WOLFERS**, "Fewer Women Run Big Companies Than Men Named John", *New York Times*

Em um estudo de feedback 360 graus para 2.482 gerentes, a Lawrence A. Pfaff & Associates descobriu:

> *"O estudo conduzido ao longo de cinco anos mostra diferenças significativas nos níveis de habilidades de liderança praticados por gerentes homens e mulheres. O estudo incluiu 2.482 gerentes (1.727 homens, 755 mulheres) de 459 organizações. Ele incluiu gerentes de todos os níveis.*

"Subordinados classificaram as gerentes mulheres com pontuação mais alta que os gerentes homens em dezessete das vinte áreas de habilidades avaliadas, quinze em um nível estatisticamente significativo. Homens e mulheres ficaram equiparados nas outras três áreas. Os chefes classificaram as gerentes mulheres com pontuação mais alta em dezesseis das vinte áreas de habilidades, em todas elas em um nível estatisticamente significativo...

"'Nossos primeiros dois estudos desafiaram a sabedoria convencional de que mulheres são melhores apenas nas chamadas soft skills, como comunicar, empoderar pessoas e ser positivo', disse Pfaff. 'Esse novo estudo com dados de um período de cinco anos indica mais uma vez que a sabedoria convencional está errada.'"

"'A significância estatística desses dados é dramática', disse Pfaff. 'Ao longo de um período de cinco anos colhendo dados de mais de 2.400 sujeitos, em média, os homens não tiveram classificação significativamente mais alta em nenhum dos quesitos, em nenhuma das áreas mensuradas.'"

Tarefa 5A Esse tema tem sido da maior importância para mim desde 1996, quando a presidente da minha empresa de treinamento, Heather Shea, abriu meus olhos em uma reunião que ela convocou em meu nome com um grupo incrível de mulheres líderes, de empresas gigantescas, startups, da área de educação e de outros setores. A pesquisa citada anteriormente é só a ponta do iceberg. As evidências acumuladas sobre a efetividade da liderança feminina – e a relativa efetividade de liderança – merecem o adjetivo "esmagadoras". Então, minha tarefa aqui é simplesmente dizer que, se você não tem um nível de liderança executiva pelo menos razoavelmente equilibrado em termos de gênero, está, sem sombra de dúvida, cometendo um importante erro estratégico de eficácia empresarial.

E, aliás, meu argumento tem a ver com eficiência organizacional, não com "justiça social". Acho que justiça social é algo de monumental importância, e tenho tentado viver de acordo com ela no âmbito pessoal e no profissional, mas esse não é o principal tema em análise aqui.

Pontos fortes de negociação nas mulheres

- "Capacidade de se colocar no lugar do outro.
- Estilo de comunicação abrangente, atento e detalhado.
- Empatia que facilita o estabelecimento de confiança.
- Escuta curiosa e ativa.
- Atitude menos competitiva.
- Forte senso de justiça e capacidade de persuasão.
- Gerenciamento proativo de risco.
- Tomada de decisão colaborativa."

HORACIO FALCÃO, "Say It Like a Woman: Why the 21st-Century Negotiator Will Need the Female Touch", *World Business*

Mulheres são empresárias fenomenais

"O crescimento e o sucesso de empreendimentos que pertencem a mulheres são uma das mudanças mais profundas que acontecem hoje no mundo dos negócios."

MARGARET HEFFERNAN, *How She Does It: How Women Entrepreneurs Are Changing the Rules of Business Success*

Mais dados relevantes de Heffernan:

- Empresas norte-americanas de mulheres ou controladas por elas: 10,4 milhões (40% de todas as empresas).
- O número de empregados norte-americanos em negócios conduzidos por mulheres excede o número total de empregados do termômetro Fortune 500.
- Índice de crescimento de empresas cujas proprietárias são mulheres comparado ao de todas as outras: duas vezes maior.
- Taxa de empregos criados por empresas cujas proprietárias são mulheres comparada à de todas as empresas: duas vezes maior.
- Probabilidade de empresas que têm mulheres como proprietárias permanecerem no mercado comparada à de todas as empresas: maior que 1.0.

- Índice de crescimento de empresas que têm mulheres como proprietárias com receitas de > US$ 1 milhão e > cem empregados comparado ao de todas as outras empresas: duas vezes maior.

As notáveis habilidades das mulheres em investimentos, de *Warren Buffett investe como as mulheres*

- Negociam menos que os homens.
- Exibem menos excesso de confiança – maior probabilidade de aprender o que não sabem.
- Evitam o risco mais do que os investidores do sexo masculino.
- São menos otimistas, mais realistas que suas contrapartes do sexo masculino.
- Dedicam mais tempo e esforço à pesquisa de possíveis investimentos – consideram detalhes e pontos de vista alternativos.
- São mais imunes à pressão dos pares – costumam tomar decisões do mesmo jeito, independentemente de quem esteja olhando.
- Aprendem com seus erros.

LOUANN LOFTON, *Warren Buffett investe como as mulheres*

"Quando mulheres se envolvem com finanças, têm resultados melhores que os homens, porque os homens focam o desempenho em prazo mais curto, enquanto as mulheres adotam uma visão de prazo mais longo."

KATHY MURPHY, presidente da Fidelity Investments, administradora de US$ 1,7 trilhão em ativos, citada em *TheStreet*

Os pontos fortes das mulheres atendem às novas necessidades da economia

Mulheres: *"[...] estabelecem conexões em vez de classificar [trabalhadores]; favorecem estilos de liderança interativo-colaborativos [o empoderamento supera as tomadas de decisão de cima para*

baixo]; ficam à vontade compartilhando informação; veem a redistribuição de poder como vitória, não como rendição; aceitam a ambiguidade prontamente; respeitam a intuição tanto quanto a racionalidade; são inerentemente flexíveis; apreciam diversidade cultural.”
JUDY B. ROSENER, resumido por Hilarie Owen, *Creating Leaders in the Classroom*

De maneira geral, a avaliação positiva das habilidades de liderança das mulheres tende a ser mais pronunciada, dadas as mudanças que surgem na estrutura organizacional e na estrutura da rede corporativa. Em cenários ambíguos, onde a hierarquia tradicional, rígida, não é mais onipresente, as mulheres demonstraram que pontos fortes relativos são mais importantes que nunca.

Tarefa 5B

- Mulheres são líderes melhores.
- Mulheres são negociadoras melhores.
- Mulheres são empresárias melhores.
- Mulheres são investidoras melhores.
- Mulheres são mais adequadas às novas necessidades da economia.

Considere com atenção. Aja de acordo. Comece imediatamente.

Liderança/Mulheres/Covid-19

Tem sido relatado e comentado amplamente que as nações que responderam melhor à epidemia de Covid-19 são todas lideradas por mulheres. Embora a amostra seja pequena, estou entre aqueles que não acham que esse resultado é desprovido de importância. (Até sugeri no Twitter que nenhum homem deveria ser CEO de hospitais. De certa forma, se não literalmente, eu falei sério.)

Embora existam muitos homens empáticos e mulheres com déficit de empatia, no geral, as mulheres têm uma predisposição para demonstrar mais empatia e outras características "soft" (que, na verdade, são "hard").

Consequentemente, em relação à Covid-19 e a questões de desigualdade racial, meu argumento em prol de mais mulheres, no mínimo um equilíbrio de 50-50 H-M nos cargos de liderança sênior, é significativamente fortalecido.

1.6

Responsabilidade permanente com a comunidade, engajamento extremo com a comunidade

"Comunidade" é uma palavra maravilhosa. A definição de dicionário que me parece mais verdadeira inclui as palavras "se importar uns com os outros". Comunidade, então, é realmente uma palavra que traz à mente, primeiro e acima de tudo, "se importar".

Pense em comunidade, e sua perspectiva empresarial vai muito além do balancete. Faça um trabalho superior, é claro, mas um trabalho superior que emane de um empreendimento cooperativo dedicado ao desenvolvimento de todos os membros. Além disso, as organizações são comunidades inseridas nas comunidades que elas e seus empregados ocupam, e nas comunidades de seus clientes e vendedores. Em todas as manifestações, responsabilidade, atenção e cuidado devem ser marcas de identificação.

Tudo isso é multiplicado por dez – por cem – quando encaramos a Covid-19 e nosso frágil tecido social e político. Posto de maneira simples, os líderes atuais dignos de nota serão aqueles que colocarem a manutenção do cuidado com comunidades internas e externas no topo de suas agendas, a diária e a estratégica.

De maneira interessante, os melhores dos melhores já entenderam isso. Em seu livro excelente, *Pequenos gigantes, as armadilhas do crescimento empresarial*, Bo Burlingham oferece quatro pilares de sucesso dos pequenos gigantes, e o primeiro deles é:

> *"Cada companhia tinha um relacionamento extraordinariamente íntimo com o município, a cidade ou o país em que fazia negócios – um relacionamento que ia muito além do conceito habitual de 'retribuir'."*

A maior parte de nós passa a vida trabalhando em empresas – com contingentes de empregados que variam de um a centenas de milhares. Essas empresas são, como comentamos, todas inseridas em comunidades. Consequentemente, se você pensar com clareza, empresas não são parte da comunidade. As empresas são a comunidade. E como tal, e por definição, têm enormes responsabilidades diretas e indiretas com a comunidade – desde decisões sobre preservação ambiental e assistência médica até apoio a professores e ao sistema escolar, e assim por diante. E essa responsabilidade, reafirmo, nunca foi tão óbvia quanto no momento em que escrevo este livro.

O que estou pedindo, efetivamente, é um compromisso empresarial em tempo integral, altamente visível com Engajamento Extremo com a Comunidade. Sem Engajamento Extremo com a Comunidade não há excelência. Ponto-final.

Implicações: como a estratégia de negócios e as atividades operacionais empresariais diárias contribuem diretamente com o desenvolvimento da comunidade? Pense nisso.

- Declaração formal de compromisso da equipe de executivos da empresa com o Extremo Engajamento com a Comunidade.
- Um comitê consultivo de pessoas de fora e de dentro da empresa, encarregado de dar visibilidade ao compromisso comunitário da empresa e fornecer fiscalização indireta de atividades internas de engajamento comunitário.
- Nenhuma decisão importante – envolvendo empregados, instalações, produtos, clientes atendidos, suprimentos usados, comunidades afetadas – é tomada sem uma análise formal de impacto sobre a comunidade. A ideia é universal: desenvolvimento da comunidade/parceria com a comunidade como parte explícita de todas as decisões, pequenas e grandes, considerada e tomada.
- Extremo Engajamento com a Comunidade adicionado a 100% das avaliações de desempenho dos líderes.

Tarefa 6 Não existe excelência empresarial sem excelência comunitária. Pense nisso profundamente. Você aceita minha hipótese elementar? Se não, por que não? E, se a aceita, que medidas concretas vai adotar para aumentar o engajamento comunitário o quanto antes?

1.7

Inclusão universal:
Toda ação, toda decisão

"Gostei do seu post sobre o Black Lives Matter. Agora poste uma foto da sua equipe de gerenciamento sênior e da sua diretoria."
BRICKSON DIAMOND, CEO da empresa de consultoria de diversidade Big Answers

"Sinto vergonha de dizer que não tenho um único empregado negro em nível de diretoria ou acima dele."
ANNE WOJCICKI, CEO da 23andMe, em uma declaração da empresa

Russell3000: 4,1% de diretores negros em 2019 (população negra 13,4%); 3,6% de diretores negros em 2008.

Extraído de uma declaração de página inteira de Omar Johnson, CEO da ØPUS United, no *New York Times*:

"Cara América corporativa branca...

Entendi. Sei que você tem as melhores intenções... Mas o fato de você só estar perguntando agora é parte do problema... Você quer fazer a coisa certa. Mas não sabe como...

Para começar... escute... Escute seus empregados negros. Eles estão soando o alarme há anos. Mas não pare por aí. Mergulhe nos dados frios, duros. Aprenda onde as pessoas negras existem na sua empresa, e, mais importante, onde elas não existem. Conte os pouquíssimos rostos negros nas reuniões. Perceba as vozes negras silenciadas em conversas onde decisões são tomadas. Se fizer isso, vai enxergar o problema com nitidez...

O que eu posso fazer?

No interior da sua empresa, você precisa contratar mais gente negra. Ponto.

De um lado da equação, isso significa resolver o 'pipeline' de liderança de uma vez por todas. Então, redobre seus esforços para recru-

tar, atrair, desenvolver e promover talentos negros. Funde instituições educativas que defendam as crianças negras e seu futuro.

Do outro lado da equação, isso significa ajudar o talento negro a subir a escada e delegar poder e autoridade a líderes negros. Reter e promover são tão importantes quanto recrutar e contratar.

Analise onde você está como organização. Estabeleça metas para onde quer estar. Institua incentivos para alcançar essas metas. Mensure-os de maneira implacável e incansável."

> **Tarefa 7A** Leia isto. Agora. *Casta: As origens de nosso mal-estar*, de Isabel Wilkerson

Ação. Agora.

Injustiça/inclusão não é estratégia.

Injustiça/inclusão é tática, refletida em todo recrutamento, toda contratação, toda promoção e toda decisão de avaliação.

Injustiça/inclusão não tem a ver com o amanhã.

Injustiça/inclusão não tem a ver com hoje.

Injustiça/inclusão tem a ver com o agora, com olhar em volta para a mesa real ou virtual de sua próxima reunião, que começa daqui a quinze minutos.

Injustiça/inclusão não tem a ver com liderança.

Injustiça/inclusão tem a ver com estudo – ler e observar e conversar e entender, individual e coletivamente, aquilo que você não aprecia, observa ou sabe, e com aumentar a curva do aprendizado um passo de cada vez.

> **Tarefa 7B** Você tem dois olhos. Abra-os. Pense sobre a inclusão. Agora olhe à sua volta. O que você enxerga passa no teste da inclusão? Não tem resposta para isso? Inaugure hoje seu curso oral, visual, impresso de estudo da inclusão.

1.8

Gerenciar é o auge da realização humana

GERENCIAR É, MUITAS VEZES, UM PÉ NO SACO. Alguém tem que fazer: saco de pancada dos superiores de um lado, de subordinados contrariados do outro; ímã de culpa se as coisas dão errado, os chefões assumem o crédito se as coisas dão certo.

Ou

GERENCIAMENTO COMO PODE/DEVE SER. O auge da realização humana, a maior oportunidade que alguém pode ter na vida; sucesso de médio a longo prazo, nem mais nem menos que uma função de dedicação e eficiência para ajudar os membros da equipe a crescer e se desenvolver como indivíduos e membros que contribuem para uma organização cheia de energia, autorrenovadora, dedicada à busca incansável pela excelência.

"Auge da realização humana" pode parecer exagerado, até absurdo. No entanto, essa é uma crença inabalável para mim. Ajudar os outros a crescer – o que pode ser mais importante, especialmente nestes tempos incertos? E, como sempre aqui, esse é o jeito mais seguro de gerar crescimento e lucratividade.

> **Tarefa 8** Discuta exaustivamente o "auge da realização humana". É grandioso demais? Se for, qual é a alternativa? O que você acha que é o ápice do papel do líder? A declaração "líderes atuam 100% no ramo de pessoas" é precisa? De maneira geral? Para você, pessoalmente? Refletida em seu trabalho hoje? Esta semana?

Primeiras coisas antes das primeiras coisas

Alimente-se e aja vigorosamente neste "Primeiras coisas antes das primeiras coisas" e eu ficarei exultante, e você estará muitos passos à frente no caminho para a excelência:

- Hard (números/planos/organogramas) é soft. Soft (pessoas, relacionamentos/cultura) é hard.
- Contratação: soft skills, QE primeiro, 100% dos empregos.
- Treinamento: investimento de capital empresarial nº 1.
- Líderes da linha de frente são a Força Corporativa nº 1.
- Mulheres comandam (ou deveriam).
- Responsabilidade permanente com a comunidade, Extremo Engajamento com a Comunidade.
- Inclusão universal; toda ação, toda decisão.
- Administrar é o auge da realização humana.

Excelência são os próximos cinco minutos (ou não)

2.9

Excelência são os próximos cinco minutos (ou não)

"Não lembramos dos dias, lembramos dos momentos."
CESARE PAVESE, poeta

Excelência não é uma "aspiração". Excelência não é uma "montanha a ser escalada". Excelência são os próximos cinco minutos. (Ou não é nada.)

Excelência é sua próxima conversa de cinco minutos no "corredor" real ou virtual.

Ou não.

Excelência é seu próximo e-mail ou mensagem de texto. (Isso é muito verdadeiro! Mostre-me os últimos dez e-mails de um líder e eu lhe dou uma avaliação precisa do caráter e da eficiência dele ou dela.)

Ou não.

Excelência é o início de sua próxima reunião, os primeiros três minutos. Ou não.

Excelência é fechar a boca e ouvir – realmente ouvir/ouvir "ferozmente".

Ou não.

Excelência é mandar flores para o hospital onde a mãe do seu melhor cliente foi submetida a uma cirurgia.

Ou não.

Excelência é dizer "obrigado" por alguma coisa "pequena".

Ou não.

Excelência é passar voando por todas as placas de PARE para responder a um problema "menor".

Ou não.

Excelência é o buquê de flores que você leva para o escritório em um dia desanimador de chuva.

Ou não.

Excelência é aprender o nome e a série na escola de todos os filhos dos catorze membros de sua equipe.

Ou não.

Excelência é se dar ao trabalho de aprender como pensa o cara do departamento financeiro (ou da contabilidade, ou de compras).

Ou não.

Excelência é se preparar com muuuito "exagero" para uma apresentação de três minutos.

Ou não.

O que é Excelência? Talvez cem pessoas tenham cem ideias diferentes. Tudo bem. Mas este é o meu livro, e quero defender o que considero a definição e a abordagem mais significativas de Excelência. Em *Vencendo a crise*, definimos Excelência em termos de desempenho de longo prazo. Mas isso pede uma, ou A pergunta. Como se alcança essa supereficiência de longo prazo? E eu insisto intensamente, de maneira passional – e dogmática –, que a essência, o alicerce desses resultados notáveis de longo prazo é, de fato, a conversa de cinco minutos no "corredor" real ou virtual que você teve depois que a reunião terminou, uma hora atrás; e o e-mail de sete linhas que você está prestes a enviar.

Resumindo:

Aquela conversa conversa de cinco minutos teve ao menos um "cheirinho" de profundidade?

Você, líder, passou 80% de sua última "conversa"... ouvindo? (Se passou... tem certeza de que foi mesmo 80%?)

Essa escuta se traduziu em 100% de atenção ("escuta feroz", de acordo com a autora Susan Scott, citada posteriormente)?

O tom foi positivo (pesquisas demonstram que atos positivos são... trinta vezes... mais poderosos que atos ou comentários com tons negativos)?

E acrescente:

Essa breve conversa foi ou não apressada, distraída e emocionalmente vazia? Ou foi o exemplo da Excelência que resulta em empregados engajados se esforçando ao máximo, e que, em troca, geram o desempenho superior de longo prazo (inovação, qualidade inigualável, design de tirar o fôlego, engajamento com a comunidade, resultados "financeiros" etc.)?

A mesma coisa vale para (sim!) o e-mail de sete linhas.

Ele é livre de erros de digitação – de que outra maneira ensina/serve de exemplo para Excelência em Execução?

Começa com um cumprimento: "Oi, Kai", "Oi, Ana", que transmite personalização e civilidade, ou é brusco a ponto de ser desumano?

As solicitações incluem, por exemplo, "agradeço antecipadamente"?

As palavras e o tom são coerentes com nossa cultura corporativa?

"Melhor que a encomenda", você diz.

Pense bem, eu digo.

Excelente?

(Ou não?)

Bem, este é realmente o meu livro e, portanto, peço que você me acompanhe na cruzada por Excelência-enraizada-em-nossas-atividades-momento-a-momento. Ah, e Excelência-são-os-próximos-cinco--minutos e, como sugerem as evidências dos relatos, em geral, trata-se de um conceito superior. Para mim, com toda a certeza, ele é, embora eu não esteja dizendo que mantenha essa marca 100% do tempo.

Tarefa 9A Não tenha pressa nisso. Por favor, não faça isso correndo. O que a Excelência significa para você, precisamente? (Use exemplos práticos.) O que a Excelência significa para seus pares? (Por favor, por favor, tentem chegar a um consenso sobre isso.)

Tarefa 9B Se você acredita no meu decreto de cinco minutos, pratique a respiração profunda. (Não costumo meditar, portanto não estou decretando um ponto de vista.) Quando falo em "praticar respiração profunda", quero dizer para você parar para pensar:

Foco a "Audição Feroz" na reunião em que me preparo para entrar, ou começar pelo Zoom. Não interrompo. Nunca.

Respondo de maneira notavelmente positiva a qualquer esforço relatado para "ir além dos limites", mesmo que só um pouco.

Garanto que minhas respostas positivas superem as negativas em 5:1, pelo menos.

Faço uma pausa antes de clicar em "enviar" e reflito sobre a qualidade do e-mail. (Este breve e-mail reflete quem sou como ser humano. Eu gosto do que vejo?)

Se estiver cara a cara, faço contato visual religiosamente enquanto sigo em frente pelo corredor.

E...

E...

(Excelente? Ou não?)

2.10

Excelência: Desempenho organizacional
O negócio do aperfeiçoamento humano

"As empresas existem para melhorar o bem-estar humano."
MIHALY CSIKSZENTMIHALYI, *Good Business: Leadership, Flow, and the Making of Meaning* (o autor é mais conhecido por seu livro *Flow: a psicologia do alto desempenho e da felicidade*)

"As empresas foram criadas para produzir felicidade, não para acumular milhões."
B. C. FORBES, edição nº 1 da *Forbes*, setembro de 1917

"Melhorar o bem-estar humano" parece uma ideia sublime e o máximo da abstração. Mas, levando em conta as mudanças que correm em nossa direção, para as empresas passa a ser um requisito responder ao desafio de Mihaly Csikszentmihalyi.

Vamos fazer uma pausa aqui. Creio que as ideias aqui contidas não sejam menos que ideias de sobrevivência para o presente. NÃO É O IDEAL. Mas tenho que acrescentar: o que sugiro nestas páginas é um jeito satisfatório de viver, um jeito de você poder se orgulhar, uma contribuição para a sua comunidade. Sim, os dólares que entram precisam exceder os que saem. Mas a vida é muito mais que produzir e depois se debruçar sobre o próximo balancete. Suponha que eu tenha um mercado. É um negócio complicado, de maneira geral, e mais ainda com a Covid-19 e com o caminhão (drone?) da Amazon circulando por perto. Mas meu verdadeiro entusiasmo vem dos funcionários da linha de frente, que receberam incentivos meus e seguiram em frente em carreiras sólidas. Minha verdadeira empolgação é ficar a vários metros do caixa e ouvir 45 segundos de conversa amistosa entre um funcionário alegre e engajado e um cliente cujo dia é animado por essa conversa. Esse é o objetivo, não é? (E mais: veja a seguir, em Humanismo extremo. Essa conversa entre o funcionário e o cliente é semelhante a um espelhinho instalado na máquina de ressonância magnética para permitir o contato visual com a enfermeira, e assim altera radicalmente, para melhor, a experiência do paciente. Multiplicado por cem ou mil vezes, é um Diferenciador Estratégico de Primeira Divisão, que estimula o sucesso do negócio. E faz você se sentir bem quanto ao que está fazendo em seu curto tempo na Terra.)

Excelência Empresarial:
Pessoas (líderes)
servindo pessoas (a equipe de linha de frente)
servindo pessoas (clientes/comunidades)

> EXCELÊNCIA *Organizacional = Pessoas (líderes/gerentes) servindo pessoas (os membros da nossa equipe) servindo pessoas (nossos clientes e comunidades).*
> inspirado por **ROBERT GREENLEAF**, em *Servant Leadership: A Journey Into the Nature of Legitimate Power and Greatness*

Excelência Empresarial tem a ver com apenas duas coisas: *Pessoas. Serviço.* Excelência = Serviço. Serviço aos colegas de equipe, serviço aos clientes e vendedores, serviço às nossas comunidades. De certa forma, ainda que em pequena medida, um serviço à humanidade, como diria o já citado Csikszentmihalyi.

Tarefa 10 "As empresas existem para melhorar o bem-estar humano." Essa maldita frase roda, roda e roda na minha cabeça. Eu acredito nela de verdade. E você? E seus colegas? O que ela significa, de fato, em termos de atividades atuais? Eu/nós contribuímos positivamente para o bem-estar humano hoje? Tenho plena consciência de que seu dia é uma coisa atrás da outra. Esse é o problema – e a oportunidade. Seu medidor de bem-estar humano está ligado? Você está refletindo a respeito dessa grande aspiração, que só pode ser demonstrada – ou não – na próxima microação sua e da sua equipe?

2.11

Excelência: Pessoas *realmente* em primeiro lugar
Administração moral/Obrigação moral

"Quase metade dos empregos dos Estados Unidos corre alto risco de informatização nos próximos vinte anos, de acordo com os acadêmicos de Oxford Carl Benedikt Frey e Michael A. Osborne."
HARRIET TAYLOR, "How Robots Will Kill the 'Gig Economy'", CNBC

"A raiz do nosso problema não é estarmos em uma Grande Recessão ou em uma Grande Estagnação, mas estarmos nos momentos iniciais de uma Grande Reestruturação. Nossas tecnologias progridem velozmente, mas nossas habilidades e empresas estão ficando para trás."
ERIK BRYNJOLFSSON e **ANDREW MCAFEE**, *Novas tecnologias versus empregabilidade*

Tradução em atitude...

Sua principal obrigação moral como líder é desenvolver o conjunto de habilidades de cada uma das pessoas sob seu comando – temporariamente e em caráter semipermanente – na medida máxima de suas capacidades e de maneira consistente com suas necessidades "revolucionárias" nos anos futuros. (Bônus: Essa também é a estratégia nº 1 para o crescimento e a maximização de lucro de médio a longo prazo!)

Esse é meu Credo Formal sugerido (exigido!) do tipo "fazer ou morrer" para os líderes contemporâneos na era da IA descontrolada etc.

Excelência/Administração moral/Não

Pesquisas no mundo todo são de uma consistência chocante: 75 a 85% das pessoas (trabalhadores) estão infelizes com seu trabalho ou não têm conexão com ele. (Por exemplo, consulte o relatório da Gallup de 2016, "The Wordwide Employee Engagament Crisis".) É claro, existe a crescente pressão tecnológica ou o impacto de, digamos, um produto problemático (por exemplo, o 737 MAX da Boeing). Mas esses fatores não precisam, não devem impedir um administrador de criar um ambiente acolhedor, humano, de crescimento pessoal.

Criar um ambiente de trabalho positivo e motivante, independentemente das circunstâncias e especialmente em circunstâncias muito desfavoráveis, é o que justifica o salário dos administradores.

Na verdade, a principal marca de um grande líder é justamente criar e manter um ambiente vigoroso, eficiente e acolhedor quando o mundo em torno dele está em chamas (como está, de fato, no momento em que escrevo isto). Não é impor sem nenhuma misericórdia objetivos financeiros de curto prazo no meio de uma tempestade de problemas, mas demonstrar verdadeira camaradagem, compaixão e cuidado quando as coisas estão em suas piores condições. (Para sua informação: na minha opinião, ter 75% de trabalhadores desengajados em uma equipe é uma infração criminosa de liderança.)

Tarefa 11 Isto é pessoal para mim. Você e seus companheiros líderes estão dispostos a "assinar" a declaração: "sua principal obrigação moral como líder é desenvolver o conjunto de habilidades de cada uma das pessoas sob seu comando... o máximo que puderem..."?

Para sua informação: sua resposta a essa pergunta determina se estive perdendo meu tempo ou não ao longo dos últimos quarenta anos. Dica: não estou brincando.

2.12

O alicerce da excelência: Investir (muito, o tempo todo) em relacionamentos

"A capacidade de desenvolver relações próximas e duradouras é uma das marcas de um líder. Infelizmente, muitos líderes de importantes empresas acreditam que seu trabalho é criar a estratégia, a estrutura da organização e os processos organizacionais. Então, eles simplesmente delegam o trabalho a ser feito, mantendo-se distantes das pessoas que fazem o trabalho."
BILL GEORGE, ex-CEO da Medtronic, *Authentic Leadership: Rediscovering the Secrets to Creating Lasting Value*

"Comandos aliados dependem de confiança mútua, e essa confiança se conquista, acima de tudo, pelo desenvolvimento de amizades."
GENERAL DWIGHT D. EISENHOWER, para a revista *Armchair General*, que publica "segredos" de liderança dos mais renomados oficiais. ("Talvez a capacidade mais notável [de DDE] [em Westpoint] fosse a facilidade com que ele fazia amigos e conquistava a confiança dos cadetes que chegavam de origens muito distintas; essa era uma qualidade que renderia muitos dividendos durante seu futuro comando de coalizão.") O sucesso de Eisenhower na Segunda Guerra Mundial contou com uma habilidade extraordinária de manter aliados (MUITO!) turbulentos mais ou menos em concordância.

"Relacionamentos pessoais são o solo fértil do qual crescem todo progresso, todo sucesso, toda realização na vida."
BEN STEIN, guru de investimentos

Os melhores relacionamentos ganham ("o solo fértil no qual crescem todo progresso, todo sucesso, toda realização na vida"). Mas, como sugere Bill George, muitos líderes (a maioria???) "não entendem isso".

Concordam, sem dúvida, sobre "relações serem importantes". Mas falta neles uma paixão necessária ou uma obsessão por investir nisso e construir e manter relacionamentos.

Sim:
Paixão.
Obsessão.
Investimento.

Não existem atalhos – nenhum, zero.
Relacionamentos EXCELENTES precisam de tempo.
Muito, muito tempo.
E, neste momento, isso é tão verdadeiro quanto sempre foi.

> **Tarefa 12A** Qual é – precisamente – sua Estratégia de Investimento em Relações, EIR, formal? Para hoje? Para a semana? Para o mês? O desenvolvimento de relações resume a ideia "Soft é hard". Portanto, sugiro (EXIJO – acho que não posso dar uma ordem, mas queria poder) um plano formal para seu investimento contínuo em relações. E sugiro que você "exija" o mesmo plano de cada líder – e não líder, na verdade – na empresa.

> **Tarefa 12B** EXCELÊNCIA demonstrada de maneira clara e mensurável no desenvolvimento de relações deveria ser o principal teste para promoção a vagas de liderança. (Por exemplo, teste a qualidade da rede de cada candidato dentro e fora da unidade em que atua.)

2.13

Excelência:
EPMPs / Empresas de Pequeno e Médio Porte
Empregadores incomparáveis / Inovadores incomparáveis

> *"Aspirantes a empreendedores que querem fugir da vida dentro das estruturas de enormes corporações sempre me perguntam: 'Como construo um pequeno negócio?'. A resposta parece óbvia: compre um bem grande e espere."*
> **PAUL ORMEROD**, *Why Most Things Fail: Evolution, Extinction and Economics*

> *"O sr. Foster e seus colegas na McKinsey coletaram dados detalhados de desempenho que abrangem até quarenta anos atrás em mil empresas dos Estados Unidos. Eles descobriram que nenhum dos sobreviventes neste grupo conseguiu ter um desempenho melhor do que o mercado. Pior, quanto mais tempo fazia que as empresas integravam o banco de dados, pior desempenho tinham."*
> **SIMON LONDON**, "Long-Term Survival of the Not So Fit", *Financial Times*

O fato é que os gigantes têm um desempenho baixo no longo prazo. Na pesquisa de Foster: zero de um grupo de mil superou o mercado em um período de quatro décadas. O que salva empregos e a economia dos Estados Unidos (e de todo mundo)? PMEs!

> *"A pesquisa mostra que novas pequenas empresas criam quase todos os empregos do novo setor privado – e são desproporcionalmente inovadoras."*
> **GERVAIS WILLIAMS**, gerente de fundos superstar, "If Small Is the Future Then We Will All Be Big Winners", *Financial Times*

O "guru" da turma da administração – inclusive eu! – age basicamente como se o mundo dos negócios fosse formado pela Fortune 500 e pelo

FTSE 100. Na verdade, a maioria de nós, bem mais de 80%, trabalha em desconhecidas empresas de pequeno e médio porte, as PMES. Nós somos as PMES.

Nada me entusiasma mais do que a Excelência Descarada em uma área que outros consideram tediosa e a descartam em um canto qualquer do mundo. Por exemplo, na rua principal da pequena cidade de Motueka, Nova Zelândia (perto do meu chalé naquele país), você encontra uma portinha sem identificação por onde se entra no escritório e na fábrica de uma empresa de administração familiar, a Coppins, que de acordo com a maior parte dos relatos é a indiscutível líder global em projeto e criação de âncoras marítimas e produtos relacionados. Entre os exigentes clientes da Coppins estão a Marinha dos Estados Unidos e o Governo da Noruega. (Pequenos conquistadores do mundo como a Coppins me fazem [literalmente] rir de satisfação.)

Para sua informação: negócios administrados por famílias nos Estados Unidos (de acordo com "Family Business Contribution to the U.S.A. Economy: A Closer Look", da Kennesaw State University):

- 64% do PIB.
- 62% do total de empregos.
- 78% da criação de novos empregos.

"... criaturas ágeis correndo entre as pernas dos monstros multinacionais."
"GERMANY'S GROWTH: NEW RULES, OLD COMPANIES", *Bloomberg BusinessWeek* sobre a eficiências das superstars alemãs de médio porte, as empresas Mittelstand. As empresas alemãs de médio porte que dominam nichos são o motor indiscutível do incomparável sucesso de exportações do país.

Atributos de Excelência das PMEs, cortesia de Bo Burlingham, *Pequenos gigantes – as armadilhas do crescimento empresarial*:

*"**1.** Elas cultivaram relações muito próximas com clientes e fornecedores, baseadas em contato pessoal, interação direta e no compromisso mútuo de cumprir o que prometem...*

2. *Cada empresa tinha uma relação muito próxima com o município, a cidade ou o país em que operavam, – uma relação que foi muito além do conceito comum de 'retribuição'...*
3. *As empresas tinham o que me pareceu serem ambientes de trabalho excepcionalmente próximos...*
4. *Percebi a paixão que os líderes tinham pelo que a empresa fazia. Eles amavam o tema, fosse música, iluminação de segurança, alimentos, efeitos especiais, dobradiças de torque constante, cerveja, armazenamento de registros, construção, restaurantes ou moda."*

Note que os fatores de sucesso são todos atributos denominados "soft".

PMEs Superstars/Leitura inspiradora

- *Pequenos gigantes – As armadilhas do crescimento empresarial*, **BO BURLINGHAM**
- *Simply Brilliant: How Great Organizations Do Ordinary Things in Extraordinary Ways*, **WILLIAM TAYLOR**
- *Empresas que curam: Despertando a consciência nos negócios para ajudar a salvar o mundo*, **RAJ SISODIA** e **MICHAEL GELB**
- *A economia da paixão: As novas regras para prosperar no século XXI*, **ADAM DAVIDSON**
- *Retail Superstars: Inside the 25 Best Independent Stores in America*, **GEORGE WHALIN**

Tarefa 13 Se o seu objetivo é aprender, e presumo que seja, caso contrário você não estaria aqui, procure em textos e na "vida real" empresas pequenas/menores mágicas e estude-as e aprenda com elas. É particularmente importante ir além do seu campo de negócios ou zona de conforto. Por exemplo, um *restaurateur* aprende com a UTI de um hospital, ou vice-versa, e assim por diante. O aprendizado é sempre uma estratégia vencedora!!!

2.14

Excelência: Suficiente

O fundador da Vanguard Funds, o falecido Jack Bogle, pai dos fundos de índice e mútuo e, sem dúvida, o investidor mais bem-sucedido dos Estados Unidos durante décadas, escreveu um livro brilhante chamado *A dose certa – Como encontrar o equilíbrio para o dinheiro, os negócios e a vida*. Ele começa com este trecho:

> *"Em uma festa oferecida por um bilionário em Shelter Island, Kurt Vonnegut informa a seu amigo Joseph Heller que o anfitrião, um administrador de fundos de cobertura, ganhara mais dinheiro em um único dia que Heller havia conseguido obter com seu romance muito popular, Ardil-22, em toda a sua história. Heller responde: 'Sim, mas tenho algo que ele nunca vai ter... o suficiente'."*

A essência do livro de Bogle é capturada pelos títulos dos capítulos:

- "Muito custo, valor insuficiente";
- "Muita especulação, investimento insuficiente";
- "Muita complexidade, simplicidade insuficiente";
- "Muita contagem, confiança insuficiente";
- "Muita conduta comercial, conduta profissional insuficiente";
- "Muita preocupação com vendas, preocupação com administração insuficiente";
- "Muita administração, liderança insuficiente";
- "Muito foco em coisas, foco em compromisso insuficiente";
- "Muitos valores do século XXI, valores do século XVIII insuficientes";
- "Muito sucesso, caráter insuficiente".

(Para sua informação: uma das maiores euforias da minha vida foi ter sido convidado para escrever o prefácio da edição brochura dessa obra.)

Tarefa 14 Leia o livro! Reflita: como isso se aplica à minha vida diária profissional – em particular, ao tipo de empresa que eu gostaria de construir?

2.15

Excelência: Insuficiente
Milton Friedman como o "Anti-Bogle":
O fiasco do "maximizar o valor para o acionista"
de Friedman/1970-???

Alguns exemplos:

Nº 1 "Em 1970", Duff McDonald relata em seu livro *The Golden Passport*, "o economista ganhador do Prêmio Nobel Milton Friedman publicou um artigo na *New York Times Magazine* intitulado 'The Social Responsability of Business Is to Increase Its Profits' [A responsabilidade social da empresa é aumentar seus lucros]."

O artigo de Friedman inaugurou a era da maximização do valor para o acionista. Dei a um recente artigo explicativo o título de "Maximizing Shareholder Value: The Morally Bankrupt, Incomparably Destructive (Not Legally Required) Economic Ideia That Decapited Modern Business and Is Spurring Social Instability" [Maximizar o valor para o acionista: a ideia econômica moralmente falida, incomparavelmente destrutiva (não necessária legalmente) que decapitou a empresa moderna e está provocando instabilidade social]. Bem, é nisso que eu acredito, mesmo que seja um título enorme!

Nº 2 William Lazonick, em um artigo para a *Harvard Business Review* intitulado "Profits Without Prosperity" [Lucros sem prosperidade], apresenta o caso quantitativo contra a maximização de valor para o acionista:

> *"Justamente as pessoas com quem contamos para investir nas capacidades produtivas que vão aumentar nossa prosperidade compartilhada estão, em vez disso, dedicando a maior parte do lucro de suas empresas a fins que aumentarão sua própria prosperidade."*

Pense nisto, extraído de "Profits Without Prosperity":

449 empresas do índice S&P 500 listadas publicamente em 2003-2012:
- 91% de US$ 2,4 trilhões de renda foram usados para recompra de ações e dividendos.
- 9% restantes foram usados para "capacidades produtivas ou aumentar salário de empregados".

Essa porcentagem para "capacidades produtivas" – 9% em 2012 – era de 50% antes do lançamento do pernicioso movimento de Friedman. Tradução (de gelar o sangue e causar pesadelos):

- 1970: 50%: Trabalhadores/Pesquisa e desenvolvimento/Estratégia de investimentos produtivos: "reter e reinvestir".
- 2012: 9%: Trabalhadores/Pesquisa e desenvolvimento/Estratégia de investimentos produtivos: "reduzir e distribuir".

Nº 3 O jogo pode estar começando a virar. Os grandes professores de todos os tempos da Harvard Business School, Joseph Bower e Lynn Paine, escreveram em "The Error at the Heart of Corporate Leadership", HBR:

"Chegou a hora de desafiar o modelo de governança corporativa. Seu mantra de maximizar o valor para o acionista está desviando empresas e líderes de inovação, renovação estratégica e investimento no futuro, coisas que exigem a atenção deles. A história mostrou que, com administração esclarecida e regulação sensata, as empresas podem ter um papel útil ajudando a sociedade a se adaptar à mudança constante. Mas isso só pode acontecer se diretores e gerentes tiverem discrição o suficiente para adotar uma visão mais longa e ampla da empresa e seus negócios. Enquanto enfrentarem a possibilidade de um ataque-surpresa de inúmeros 'proprietários', os líderes empresariais atuais têm pouca opção, exceto focar o aqui e agora."

Nº 4 Rejeitar a maximização de valor ao acionista em curto prazo e fazer o "jogo longo"/A compensação é estupenda.

Dominic Barton, diretor administrativo da McKinsey, James Manyika, Sarah Keohane Williamson, "The Data: Where Long-Termism Pays Off", *Harvard Business Review*:

> *"Buscando quantificar os efeitos do imediatismo no nível da empresa e avaliar seu impacto acumulado na economia do país, levantamos os dados de 615 empresas não financeiras nos Estados Unidos de 2001 a 2014 (representando 60 a 65% da capitalização de mercado total no país). Usamos várias métricas padronizadas como substitutos para comportamento de longo prazo, inclusive a proporção entre gastos de capital e de depreciação (uma medida de investimento), provisionados como parte da renda (um indicador de qualidade dos rendimentos) e do crescimento da margem. Para garantir resultados válidos e evitar parcialidade em nossa amostra, comparamos as empresas apenas com pares do ramo com cenários de oportunidades e condições de mercado semelhantes. Fazendo os ajustes por tamanho de empresa e ramo, identificamos 167 empresas (cerca de 27% do total) que tinham uma orientação de longo prazo."*

Resultados de Barton et al.:

2001-2015: Investidores de longo prazo versus *Todos os outros:*
- Média de receita da empresa: +47%.
- Média de ganhos da empresa: +36%.
- Média do lucro econômico da empresa: +81%.
- Média de capitalização de mercado: +58%.
- Média de criação de empregos: +132%.

I-N-E-Q-U-Í-V-O-C-O!!!
Releia especialmente: +132%.

Tarefa 15 Poucos leitores são CEOs de empresas gigantescas de capital público. Então, como isso se aplica a nós, meros mortais? Em alguma medida, é a expansão máxima do "Hard é soft. Soft é hard". A história aqui: imediatismo é um engano e uma ilusão, e é destrutivo para indivíduos e sociedade como um todo. Investimento em médio e longo prazo, especialmente investimento em pessoas e inovação, compensa para trabalhadores, clientes, comunidades e... para os resultados financeiros da empresa. E essa visão de pessoas/inovação/longo prazo se aplica tanto (ou mais!) à empresa local de serviços hidráulicos que tem nove funcionários quanto a uma corporação gigante. Faça uma autoavaliação séria em relação a essas ideias e esses dados em seu mundo.

2.16

**Excelência é um estilo de vida
Excelência é espiritual
Excelência empresarial tem a ver com
quem somos e de que modo contribuímos**

Excelência, na minha definição, é antes e acima de tudo um estilo de vida, um jeito de se comportar com atenção e respeito em relação a nossos semelhantes e nossa comunidade todos os dias, em todos os momentos.

Excelência é, de um jeito importante, espiritual.

Com toda a franqueza, normalmente evito expressões como "espiritual". Afinal, meu negócio é análise prática, pé no chão e informação plausível. O que mais poderia vir de um engenheiro com dupla graduação? Contudo, enquanto reflito sobre o poder da Excelência, especialmente nestes tempos caóticos, fica claro para mim qual mensagem quero deixar a você e que poderia ser lida de cima do púlpito de uma igreja. Trabalhando é como passamos a maior parte das horas em que estamos acordados, e é, então, por definição, "quem somos". E quem somos como líderes é o modo como contribuímos para o bem-estar de nossos semelhantes. A partir daí, deixo de lado minha relutância e abraço completamente a essência "espiritual" de Excelência! Lembro com alegria de ter recebido uma carta de um padre católico – fui criado na religião presbiteriana –, me contando que sua tese de PhD em teologia na Universidade Notre Dame era baseada em *Vencendo a crise*. Lembro que fiquei com os olhos cheios de lágrimas.

Como mencionei anteriormente, menos de 10% das pessoas trabalham para empresas gigantescas ou presentes na Fortune 500. Contudo, no geral, a maioria trabalha para uma empresa. Então, efetivamente, a situação dos negócios é a situação da comunidade, do país, do mundo. Uma discussão de negócios, portanto, é uma discussão da qualidade da própria civilização, embora isso possa parecer grandioso. Logo, a Excelência Empresarial é de máxima importância.

> **Tarefa 16** É da sua vida que estamos falando! Excelência Empresarial (na minha opinião) tem a ver com quem somos e como contribuímos, e está, portanto, a milhões de quilômetros de balancetes complicados.

Introduzi a palavra "EXCELÊNCIA" no meu dicionário de negócios anos atrás, enquanto, por coincidência, escrevia uma apresentação logo depois de ter assistido a uma excepcional e engrandecedora apresentação do San Francisco Ballet. O que passava pela minha cabeça era alguma coisa do tipo: "Por que as empresas não podem ser como o balé?".

"Excelência Empresarial."

Um estilo de vida.

Este livro é meu último "viva!".

Está me acompanhando?

Estratégia é uma mercadoria. Execução é uma arte

3.17

Execução: "Dá para fazer"/Os "últimos 95%"

"DÁ PARA FAZER. O difícil nós fazemos agora. O impossível demora um pouco mais."
Lema dos Seabees da Marinha dos Estados Unidos

Meu primeiro território de treinamento de liderança, Vietnã, 1966-1968. Os Seabees (o nome "Seabees" deriva de "CB", Construction Battalion, ou Batalhão de Construção) são os lendários membros da força de construção e combate, que nasceu em Guadalcanal em 1942. Seu papel é realmente fazer o impossível. Por exemplo, construir e terminar uma pista de pouso em Guadalcanal em treze dias, sob fogo, com equipamento ruim, em terreno rochoso e, para piorar, durante uma monção. Essa disposição, e resultados parecidos, ainda são a marca registrada dos Seabees hoje, aos 80 anos.

"Não esqueçam a execução, rapazes. São absolutamente importantes os últimos 95%."
Diretor da McKinsey

Um diretor da McKinsey (nível sênior) enfiou a cabeça em uma sala de reuniões em San Francisco e gritou da porta para mim e meus colegas de equipe: "Não esqueçam a execução, rapazes. São absolutamente importantes os últimos 95%". Ele tem razão, é claro, e mais tarde todo o ímpeto do estudo McKinsey que produziu o original de *Vencendo a crise* era uma ordem do diretor administrativo da empresa para que eu me concentrasse na execução, ou na falta dela. "Tom", ele dizia, "nós criamos essas estratégias extraordinárias, mas o cliente não pode implementá-las. Onde está a desconexão?" Muitas e muitas vezes, em empresas de todos os tipos, a análise de problemas assume o centro do palco e a execução é tratada como trivial. E são, de fato, os "últimos 95%".

Tarefa 17 Ditado comum: "Um líder atrai pessoas com uma visão interessante. E precisa de um administrador para cuidar dos detalhes". Bom, eu fico com o papel do "administrador". Você pode ficar com o do "líder". Um bom livro não brota de uma ideia fantástica – ele resulta de dois anos de pesquisa exaustiva e sete ou oito ou doze (ou vinte) reedições completas. Então, meu conselho é: esqueça o glamour e as abstrações. Concentre-se em fazer alguma coisa, qualquer coisa concreta, antes do fim do dia. Se você está no comando, recrute para sua equipe pessoas comuns que não se sintam satisfeitas a menos que sujem as mãos.

3.18

Execução:
Conrad Hilton e as cortinas de banho presas

> *"Já com alguma idade, Conrad Hilton foi ao* The Tonight Show. *O apresentador Johnny Carson perguntou se ele teria uma mensagem para o povo norte-americano sobre o que havia aprendido ao construir seu império de hotéis. Hilton fez uma pausa, depois olhou para a câmera. 'Por favor', ele disse, 'lembrem de prender a cortina de banho dentro da banheira.'"*
> **DEBORAH AARTS**, *Canadian Business*

O Hiltonismo tem sido o primeiro slide em praticamente todas as apresentações que fiz nos últimos cinco anos. No ramo de hotéis, "localização, localização, localização" (e um ótimo arquiteto) são importantes; eles me conduzem pela porta em minha primeira visita. Mas são coisas como essa cortina de banho presa (×100) que me fazem voltar e recomendar o hotel aos meus amigos. E, como os empresários bem sabem, você normalmente perde dinheiro nas primeiras transações e ganha muito nas transações números 18, 19 e 20 – e por intermédio desse vital (e viral, esperamos) boca a boca e da mídia social.

(Para sua informação: Tem outra nota de grande importância por trás da fachada da história do Hilton. Se prender a cortina de banho é o que mais importa, então os que prendem a cortina são as pessoas mais importantes do estafe, o que contrasta intensamente com o tratamento típico desse grupo. Veremos mais sobre isso no Tópico 4.)

Tarefa 18 Deixe outra pessoa recrutar os MBAs. A estratégia vitoriosa de vida é se concentrar nas pessoas que prendem as cortinas de banho. Pense no último expediente. Quanto tempo você passou com os "prendedores de cortina de banho" da sua empresa? (Faça essa pergunta a si mesmo no fim de todos os dias de trabalho.)

3.19

Execução:
Simplifique/Execução é estratégia/
A lei de ferro da execução

Simplifique

> *"Costco entendeu as coisas simples, grandes, e executou com total fanatismo."*
> **CHARLES MUNGER**, vice-presidente da Berkshire Hathaway

Os resultados da Costco têm sido excepcionais – e esses resultados são construídos de maneira significativa sobre sua permanente e óbvia consideração pelos empregados da linha de frente, que fazem o verdadeiro trabalho diário da organização (isto é, "executam de maneira fanática").

Execução é estratégia

> *"Execução é estratégia."*
> **FRED MALEK**

Malek foi meu chefe na Casa Branca/OMB em 1973-74. Fred não trabalhava com abstrações. Ele queria resultados. Agora. Sem voltas, sem floreios e, Deus sabe, sem desculpas. (Por exemplo, uma vez fiz uma viagem de ida e volta Washington-Bangcoc em 48 horas para levar uma breve mensagem ao nosso embaixador em uma reunião de 15 minutos. Fred disse "pessoalmente"; eu fiz a entrega pessoalmente. Ponto.

Para sua informação: funcionou. O antes cético embaixador apoiou um programa muito importante que estávamos analisando.)

> *"Execução é o trabalho do líder empresarial... Quando avalio candidatos, as primeiras coisas que procuro são energia e entusiasmo*

pela execução... Ela fala sobre a empolgação de fazer coisas ou sempre volta à estratégia ou à filosofia? Detalha os obstáculos que teve que superar? Explica os papéis desempenhados pelas pessoas a ela atribuídos?"

LARRY BOSSIDY e **RAM CHARAN**, *Execução: A disciplina para atingir resultados*

> **Tarefa 19A** Aplique religiosamente a "Regra Bossidy" às suas práticas de contratação e promoção.

A lei de ferro da execução

"Execução é um processo sistemático de discutir rigorosamente comos e por quês, acompanhando com tenacidade e garantindo responsabilidade."

LARRY BOSSIDY e **RAM CHARAN**, *Execução: A disciplina para atingir resultados*

A LEI DE FERRO Quando você fala o tempo todo sobre execução, é provável que aconteça. Quando não fala, ela não acontece.

P: "Pode ser simples assim?"

R: "Em um grau significativo, sim."

> **Tarefa 19B** Faça disso sua Lei de Ferro pessoal: em toda conversa e toda reunião, a execução/implementação/discussão de importantes marcos de quem-o-que-quando-próximo deve ser direta, central e dominante (por exemplo, quinze slides sobre tarefas em uma apresentação PowerPoint com trinta slides) e reiterada mais ou menos imediatamente e sempre a partir disso em comunicações de follow-up. Seja obcecado pela execução e torne sua obsessão de conhecimento público.

Execução/A(s) última(s) palavra(s)

Por falta de um prego, perdeu-se a ferradura.
Por falta de uma ferradura, perdeu-se o cavalo.
Por falta de um cavalo, perdeu-se o cavaleiro.
Por falta de um cavaleiro, perdeu-se a mensagem.
Por falta de uma mensagem, perdeu-se a batalha.
Por falta de uma batalha, perdeu-se a guerra.
Por falta de uma guerra, o reino caiu.
E tudo por falta de um prego.
FONTE: Provérbio do século XIII

"Estratégia é uma mercadoria, execução é uma arte."
PETER DRUCKER

"Amadores falam sobre estratégia. Profissionais falam sobre logística."
GENERAL R. H. BARROW, USMC

"Não culpe ninguém.
Não espere nada.
Faça alguma coisa."
BILL PARCELLS, treinador da NFL

Tópico 4

Pessoas *realmente* em primeiro lugar

"As empresas têm que dar às pessoas uma vida enriquecedora, gratificante... ou simplesmente não valem a pena."

The Excellence Dividend foi lançado em 2018. A publicidade consistiu basicamente em podcasts. Talvez vinte. Com uma exceção, o questionador era alguém bem-preparado e divertido para se conversar. Mas havia uma coisa estranha. Eu poderia apostar que, em quinze dos vinte casos, essa questão, quase palavra por palavra, foi formulada como a abertura:

"Tom, você fala muito sobre pessoas, por que isso?"

A resposta sem censura que eu gostaria de dar era: "Que p... tem para falar além disso?".

(sem os ...)

Empresas têm a ver com pessoas.

Pessoas em primeiro lugar.

Pessoas em segundo lugar

Pessoas...

Pessoas em último lugar.

Ponto.

Então...

4.20

Pessoas *realmente* em primeiro lugar: Tornando-se mais do que jamais sonharam ser

"As empresas têm que dar às pessoas uma vida enriquecedora, gratificante... ou simplesmente não valem a pena."
RICHARD BRANSON, *Business Striped Bare: Adventures of a Global Entrepreneur*

Esse é o texto do slide nº 1 de 4.096 no capítulo 27 da minha "suma" em PowerPoint em excellencenow.com. Nem preciso dizer que a escolha não foi fácil. Porém, anos mais tarde, nunca hesitei: nº 1/4.096 = nº 1 = 4.096.

Definição: Um grande empresário é literalmente desesperado para fazer cada membro de sua equipe alcançar o sucesso, crescer e prosperar.

> **Tarefa 20A** Então... você é o sr./sra. Chefe... DE-SES-PE-RA-DO (A)?????? (Minha escolha de palavras é *muito* deliberada.)

"Seja qual for a situação, a primeira resposta [do grande administrador] é sempre pensar em relação ao indivíduo e em como as coisas podem ser organizadas para ajudar essa experiência individual a ser bem-sucedida."
MARCUS BUCKINGHAM, *The One Thing You Need to Know About Great Managing, Great Leading, and Sustained Individual Success* (Não há ninguém nesse campo que eu respeite mais que Marcus Buckingham.)

"O papel do diretor é criar um espaço onde os atores e as atrizes possam se tornar mais do que jamais foram antes, mais do que sonharam ser."
ROBERT ALTMAN, diretor

Tarefa 20B Reflita sobre a escolha precisa de palavras do sr. Altman:

"Mais do que jamais foram antes"
"Mais do que sonharam ser"

Palavras adoráveis. SIM. Mas considere o significado exato dessas palavras, e, se você é um líder, elas correspondem – use as palavras exatas acima – com a visão que tem do seu papel? (E suas ações nas últimas 24 horas???)

Segundo o livro de Robert Greenleaf, *Servant Leadership*, são estas perguntas que os líderes devem fazer em relação às pessoas de sua equipe:

> *"Os servidos cresceram como pessoas?*
> *Enquanto eram servidos, eles se tornaram mais saudáveis, mais sábios, mais livres, mais autônomos, mais propensos a se tornar, eles mesmos, servidores?"*

Reflita sobre a expressão "Liderança servidora" e leia, se por acaso ainda não o fez, o livro inigualável de Greenleaf!

> *"Se você quer que o estafe preste excelente serviço aos clientes, os líderes devem prestar excelente serviço ao estafe."*
> **ARI WEINZWEIG**, cofundador da Zingerman's, *A Lapsed Anarchist's Approach to Building a Great Business*

Tão aparentemente simples, tão frequentemente ignorada. Se fosse essa a norma, eu não precisaria escrever este livro. Na verdade, não "preciso" escrever este livro. *Eu tenho que escrever este livro*. Esta é minha última chance de convencer você a fazer o que eu diria que é óbvio: por exemplo, "prestar excelente serviço ao estafe".

> *"O que os empregados vivenciam, os clientes também vão vivenciar... Seus clientes nunca estarão mais felizes que seus empregados."*
> **JOHN DIJULIUS**, em seu blog sobre Experiência do Cliente

Profundo.

(Sim, isso merece a palavra "profundo". Acho que também é um comentário "profundo" apontar quantas pessoas consideradas inteligentes "não entendem isso".)

Se você quer UAU/impressionar o cliente, precisa primeiro UAU/impressionar quem UAU/impressiona o cliente.

De minha autoria: e admito que sou quase viciado na palavra "uau".

> **Tarefa 20C** E aí, você já "UAU/impressionou" sua equipe de trabalho hoje? (E, caramba, use a palavra "UAU".)

"Quando contrato alguém, é aí que vou trabalhar para essa pessoa."
JOHN DIJULIUS, *The Relationship Economy: Building Stronger Customer Connections in the Digital Age*

> **Tarefa 20D** Lembre-se todas as manhãs, quando passar pela porta do escritório ou entrar em sua primeira reunião no Zoom: eu trabalho para eles, não o contrário.

"Eu não tinha uma 'declaração de missão' no Burger King. Eu tinha um sonho. Muito simples. Era uma coisa do tipo 'o Burger King tem 250 mil pessoas, e cada uma delas se importa'. Cada uma. Contabilidade. Sistemas. Não é só no drive-thru. Todo mundo 'está por trás da marca'. É disso que estamos falando, nada menos que isso."
BARRY GIBBONS, ex-CEO do Burger King, superstar da recuperação

"O que estou tentando fazer como líder na Tangerine é construir uma cultura na qual indivíduos – pessoas – tenham os meios para realmente prosperar. Alcançar o sucesso. Ser realmente felizes no trabalho. Sentirem-se realizados e crescendo. Uma cultura que dá voz a todos os membros da equipe. Por quê? Porque ser bom para sua gente é um bom negócio. Quando Eu prospero, Nós nos beneficiamos. E por isso

o título deste livro é Weology. *O que chamo de 'Weology' tem a ver com criar cenários em que todos ganham. É um jeito de colocar as pessoas em primeiro lugar no curto prazo para que uma empresa possa prosperar no longo prazo... O cálculo é que os números não têm que governar o modo como uma empresa – nem mesmo um banco – é administrada... Pessoas que estão felizes em seu trabalho são as melhores embaixadoras para nossa empresa, nossa cultura corporativa, porque vivem Weology e sabem que ela é real.*"
PETER ACETO, CEO da Tangerine, extraído de *Weology: How Everybody Wins When "We" Comes Before "Me"* (A Tangerine é uma inovadora e muito bem-sucedida corporação canadense de serviços financeiros)

"Uma organização só pode se tornar a melhor versão dela mesma na medida em que as pessoas que a dirigem estiverem se esforçando para se tornar as melhores versões delas mesmas... Nossos empregados são nossos primeiros clientes, e nossos clientes mais importantes."
MATTHEW KELLY, *O administrador de sonhos*

A ideia de Matthew Kelly, em um livro baseado em uma empresa de serviços domésticos, é que todo empregado tem um sonho, muitas vezes sem nenhuma relação direta com o emprego (por exemplo, um pequeno avanço educacional para uma governanta que trabalha em meio período). E a liderança que ajuda esses empregados a realizar seus sonhos será recompensada com desempenho superior e também terá se comportado, no geral, como parte integrante da comunidade maior.

> **Tarefa 20E** Você está no ramo da "Realização de Sonhos do Empregado"? Sim, é um nome comprido, e não imagino que você dê uma resposta 100% afirmativa. Mas a lógica é impecável. Então, pense com seriedade em "realização de sonhos" e na possibilidade de ler o livro do sr. Kelly.

"Somos senhoras e senhores servindo senhoras e senhores."
Do Credo do **RITZ-CARLTON**

No ramo hoteleiro, membros do estafe da linha de frente têm sido tratados historicamente mais como bucha de canhão do que como "senhoras e senhores". Esse indicador de respeito ("somos senhoras e senhores..."), declarado por escrito como uma crença central, é um Negócio (Muito) Grande. (Para sua informação: O Ritz-Carlton é, além de seus resultados de lucros e perdas, eleito rotineiramente como uma das melhores empresas para se trabalhar nos Estados Unidos.)

"O caminho para uma cultura do bom anfitrião paradoxalmente não passa pelo hóspede... Os verdadeiros líderes da hotelaria focam primeiro seus empregados... Fomos ao hotel [imediatamente depois de comprá-lo] e fizemos uma... 'reforma de consideração'. Em vez de reformar banheiros, restaurantes e quartos, demos aos empregados novos uniformes, compramos flores e frutas e mudamos as cores. Nosso foco era inteiramente o estafe. Eram eles que queríamos fazer felizes. Queríamos que eles acordassem todas as manhãs animados com um novo dia no trabalho."
JAN GUNNARSSON e **OLLE BLOHM**, autores, gurus da administração e donos de hotel

Tarefa 20F "Reforma de consideração" é uma expressão inspirada. O que acha dela? (E como poderia ser sua "reforma de consideração"? Detalhes, por favor!)

O paciente em segundo lugar

"Ninguém vai para casa depois de uma cirurgia dizendo: 'Cara, essa foi a melhor sutura que já vi!', ou 'Legal, tiraram o rim certo!'. Não, falamos sobre as pessoas que cuidaram de nós, as que coordenaram todo o procedimento – todo mundo, da recepcionista aos enfermeiros

e cirurgião. E não contamos histórias à mesa de jantar. Dividimos nossas experiências em conversas com amigos e colegas e pelas redes sociais, como Facebook e Twitter."
PAUL SPIEGELMAN e **BRITT BERRETT**, do capítulo "O que vem primeiro?", em *Patients Come Second: Leading Change by Changing the Way You Lead*

Alegria S.A.

"Pode parecer radical, inconvencional e uma ideia empresarial que beira a maluquice. No entanto, por mais ridículo que pareça, a alegria é a crença central do nosso local de trabalho. A alegria é a razão de a minha empresa, Menlo Innovations, uma empresa de criação e desenvolvimento de software personalizado em Ann Arbor [MI], existir. Ela define o que fazemos e como fazemos. É a única crença compartilhada de toda a nossa equipe."
RICHARD SHERIDAN, *Joy, Inc.: How We Built a Workplace People Love*

Menlo é o "negócio de verdade". Não é um sonho impossível. Levei um tempo para me convencer, mas, hoje, depois de visitar a Menlo, sou "fã de carteirinha". Como sempre, isso exige mais que uma leitura rápida. "Alegria" pode ser um pouco demais para muitos leitores, imagino. Mas por que não? (E, como sempre, 100% do tempo, nesta seção, isso é um gerador de lucros quase garantido.)

> **Tarefa 20G** Realização de sonhos. Boa hotelaria. Alegria S. A. São palavras extraordinárias, e eu tenho copilado esses termos tanto quanto é possível. Espero ser convincente com linguagem extrema e repetição.

Pessoas *realmente* em primeiro lugar
O cliente que teve que ser demitido

"Vim dispensar sua empresa, porque seu vice-presidente executivo é uma merda. Ele trata seu pessoal de um jeito atroz e trata o meu pessoal de um jeito atroz. Não vou permitir que esse homem continue atacando o moral dos funcionários da Ogilvy & Mather."
DAVID OGILVY, *The Unpublished David Ogilvy*

Resumo/14 ideias rápidas/
Pessoas realmente em primeiro lugar

- … "dar às pessoas vida enriquecedora, gratificante".
- … "desesperado para fazer cada membro de sua equipe progredir".
- … "como as coisas podem ser organizadas para ajudar essa experiência individual a ser bem-sucedida".
- … "tornar-se mais do que jamais foram antes, mais do que sonharam ser".
- … "fazer os que são servidos se tornar mais saudáveis, mais sábios, mais livres, mais autônomos".
- … "prestar excelente serviço ao estafe".
- … "clientes nunca serão mais felizes que seus empregados".
- … "primeiro você tem que UAU as pessoas que UAU o cliente".
- … "250 mil pessoas, cada uma delas se importa".
- … "construir uma cultura em que os indivíduos tenham meios para realmente prosperar, ter sucesso, ser felizes no trabalho, se sentir realizados e crescendo".
- … "empregados são nossos primeiros clientes, nossos clientes mais importantes".
- … "senhoras e senhores servindo senhoras e senhores".
- … "o foco era totalmente o estafe; eram eles que queríamos fazer felizes".
- … "alegria é a crença fundamental do nosso local de trabalho".

> **Tarefa 20H** Releia (e depois releia de novo), assimile e discuta as citações nesta seção. Todas elas dizem a mesma coisa: coloque as pessoas realmente em primeiro lugar.

O motivo para 14 "mesmas coisas" – não tem mais nada assim neste livro – é enfatizar a importância da ideia e sugerir que muitas pessoas/líderes muito inteligentes são verdadeiros "extremistas" em relação à ideia e à estratégia de colocar as pessoas realmente em primeiro lugar. O que não é detalhado nessas citações é que o desfecho econômico dessas estratégias CPRPL – Coloque as Pessoas Realmente em Primeiro Lugar – são o crescimento e a lucratividade, que, invariavelmente, superam os de seus pares.

Leitura sugerida (exigida?)
Sucesso estrondoso pondo as pessoas realmente em primeiro lugar

"Evidências hard" (se precisar delas) de quem percorreu o caminho desse tópico crucial (nada, nada mesmo é mais importante):

- *Nice Companies Finish First: Why Cutthroat Management Is Over – and Collaboration Is In,* Peter Shankman e Karen Kelly
- *Uncontainable: How Passion, Commitment, and Conscious Capitalism Business Where Everyone Thrives,* Kip Tindell, CEO da Container Store
- *Empresas humanizadas,* Raj Sisodia, Jag Sheth e David Wolfe
- *The Good Jobs Strategy: How the Smartest Companies Invest in Employees to Lower Costs and Boost Profits,* Zeynep Ton
- *Joy, Inc.: How We Built a Workplace People Love,* Richard Sheridan, CEO da Menlo Innovations
- *Primeiro os colaboradores, depois os clientes: Virando a gestão de cabeça para baixo,* Vinnet Nayar, CEO da HCL Technologies
- *The Customer Comes Second: Put Your People First and Watch 'Em Kick Butt,* Hal Rosenbluth, ex-CEO da Rosenbluth International
- *Patients Come Second: Leading Change by Changing the Way You Lead,* Paul Spiegelman e Britt Berrett (CEO de hospital)

4.21

Colocar as pessoas *realmente* em primeiro lugar: Trabalhadores em meio período como parte da família

1998-2014: a *Fortune* relatou que só doze empresas estiveram todos os anos em sua lista de "100 melhores companhias para se trabalhar nos Estados Unidos" em todos os dezesseis anos de existência dessa lista. Ao longo do caminho, entre outras coisas, as Super Doze criaram 341.567 novos empregos – que respondem por um crescimento de 172% no número de empregos (retornos para os acionistas, porque as empresas de capital público entre as Super Doze também superaram de maneira dramática o mercado como um todo).

As Super Doze

- Publix
- Whole Foods
- Wegmans
- Nordstrom
- Marriott
- REI
- Four Seasons
- Cisco Systems
- Goldman Sachs
- SAS Institute
- W.L. Gore
- TDIndustries

Nota: Mais da metade (!), 7/12 (as primeiras sete da lista) das "consistentemente melhores das 100 melhores" estão nos chamados componentes dos "salários necessariamente baixos" da área de serviços.

Exemplo de desempenho:

- Rotatividade do varejo em geral... 65%
- Rotatividade da Publix (alimentos, uma das 7/12)... 5%

Em relação à versão da lista de 2016, a *Fortune* relatou que as Super Doze têm... "só uma coisa em comum. Cuidam generosamente bem de seus empregados que trabalham meio período".

Tarefa 21 "Cuidam generosamente bem de seus funcionários que trabalham meio período."
E você?????????

4.22

Pessoas em primeiro lugar –
por que isso não é óbvio para todo mundo:
"Treinador Belichick, seus jogadores são
muito importantes"

Tom Peters, o renomado consultor empresarial, é contratado pelo New England Patriots para fazer uma avaliação integral do time. Chega o dia da apresentação. Peters, vestido no estilo McKinsey que ele conhece tão bem (terno escuro conservador e gravata discreta), começa a falar com franqueza: "Treinador Belichick, depois de uma análise ao longo de vários meses, meus colegas e eu chegamos à conclusão de que seus jogadores são muito importantes para o time". Nessa altura, o sr. Belichick, que não sabe se ri ou chora, pega um dos vários troféus do Super Bowl sobre sua mesa, joga no sr. Peters e o leva até a porta.

O desanimado sr. Peters se sentira confortável com a avaliação "seus jogadores são importantes"/"pessoas em primeiro lugar". Esse tipo de descoberta seria uma revelação digna do valor cobrado para muitos empresários experientes e clientes empresariais sérios. O chefe de hotel treinado em marketing teria esperado que a questão fosse uma estratégia de segmentação ou abordagem de marketing. O banqueiro treinado em contabilidade teria esperado um diagnóstico de "despesas gerais excessivas" com uma avaliação de quantas pessoas poderiam ser cortadas. Mas, em vez disso, Peters diz: "Senhor, sua equipe é desmotivada, menos treinada e menos recompensada do que deveria ser, o que está causando uma grande desconexão com o cliente, pífias realizações de inovação e implementação mal avaliada da maioria dos seus projetos". Isto é, Peters teria surpreendido o figurão do hotel/banco com sua mensagem de "pessoas são importantes"/"invista mais nas pessoas".

Pessoas em primeiro lugar/Belichick: "Acha que eu sou idiota, sr. Peters?".

Pessoas em primeiro lugar/Hoteleiro e Banqueiro: Ideia inovadora!

(Sim, é exagero, mas, francamente, nem tanto, com base em mais de quarenta anos de experiência.)

Minha opinião simples, então.

A equipe completa de linha de frente no hotel (da governança à contabilidade), a consultoria de seis ou sessenta pessoas, a empresa de software para organizações, a fábrica de porcas e parafusos, a usina de energia nuclear... são precisamente tão importantes quanto os jogadores do time de futebol New England Patriots do sr. Belichick, os músicos eventuais da National Champion Dartmouth High School Marching Band e os setecentos marinheiros que estiveram no Batalhão NINE de Construção da Marinha dos Estados Unidos, no qual servi no Vietnã em 1966-67.

Marinha dos Estados Unidos.
Pessoas em primeiro lugar.
Massachusetts General Hospital.
Pessoas em primeiro lugar.
Hotel Four Seasons/Boston.
Pessoas em primeiro lugar.
Dartmouth High School
Pessoas em primeiro lugar.
Google.
Pessoas em primeiro lugar.
Apple.
Pessoas em primeiro lugar.
San Francisco Forty-Niners.
Pessoas em primeiro lugar.
Time de lacrosse Cornell Big Red.
Pessoas em primeiro lugar.
Somerset Subaru.
Pessoas em primeiro lugar.
Bayside Restaurant.
Pessoas em primeiro lugar.
Dan Cook Lawn and Garden Service.
Pessoas em primeiro lugar.

Pessoas em primeiro lugar.
Caramba.
Pessoas em primeiro lugar.
Caramba.

Caramba.
Caramba.
Caramba.

Ok?

Tarefa 22 "Pessoas em primeiro lugar" vai se refletir em suas atividades nos próximos trinta minutos? Pessoas em primeiro lugar. Esta manhã? Pessoas em primeiro lugar. Hoje à tarde? Pessoas em primeiro lugar. Hoje? Pessoas em primeiro lugar. Amanhã? Pessoas em primeiro lugar. Para sempre. Eternamente...

4.23

DPMLAOPMLPCPFMPM
Departamento de Pessoas Muito Legais Ajudando Outras Pessoas Muito Legais a Progredir, Crescer e Prosperar e Fazer o Mundo um Pouco Melhor.

Confesso. Odeio a expressão "RH". No dia 7 de novembro de 1942, meu pai entrou na sala de parto para me ver pela primeira vez; eu era um recém-nascido. Minha mãe sorriu para o meu pai e disse (eu sou o primogênito):

"Olha, Frank, finalmente, nosso pequenino recurso humano."

Eu sou Tom Peters. Não sou um "recurso humano". Você (leitor) é Antoinette Banerjee, não um "recurso humano".

"RH" é... desprezível, repulsivo, humilhante e autodestrutivo. Rotule-me e trate-me como um "recurso humano" e recompenso você com desengajamento mecanicista.

Qual é a alternativa?

Simples: **DPMLAOPMLPCPFMPM**.

Departamento de Pessoas Muito Legais Ajudando Outras Pessoas Muito Legais a Progredir, Crescer e Prosperar e Fazer o Mundo um Pouco Melhor.

Certo? Minha família expandida do Twitter curtiu, com um zilhão de retuítes, vários deles incluindo placas de porta mostrando DPMLAOPMLPCPFMPM.

> **Tarefa 23** Ação! Agora! Não sou um "recurso humano"! Juramento: a partir de agora e para sempre estou banindo a expressão "RH".

4.24

Avaliações: Pessoas *não* são "padronizadas"
Avaliações *não* devem ser padronizadas
Nunca

Todo membro de equipe desempenha um papel diferente – pergunte a qualquer treinador esportivo. Todo membro de equipe está em um degrau diferente da escada do desenvolvimento. Todo membro de equipe lida com seu conjunto de questões pessoais. A solicitação/demanda aqui pela não padronização de avaliações aplica-se a todo mundo, de atendentes do Starbucks e camareiras do Hilton a VPs corporativos, jogadores do Golden State Warriors e membros do San Francisco Ballet.

Alguns mandamentos de avaliação

Lembre-se: você não está avaliando "membros de sua equipe de projetos". Você está avaliando Omar Khan, Janet Yarnell, Jose Salibi Neto...

Avaliações eficientes surgem de uma série de conversas livremente estruturadas, contínuas, não do preenchimento de um formulário a cada seis meses ou um ano.

Chefe: você leva pelo menos um dia para se preparar para uma conversa de avaliação de uma hora, pelo menos? Se não, não está levando a sério a reunião ou o empregado avaliado.

Chefe: se você não está exausto depois de uma conversa de avaliação, então não foi uma conversa em que você investiu plenamente.

A subseção deveria ser dez vezes mais longa. Nossa capacidade de dar feedback falha em 9 de cada 9.1 casos (9 de 9.01?). Existe literatura substancial sobre esse tema, e ela deveria estar em sua lista de leituras. E mais? Alguns especialistas renomados dizem simplesmente que as pessoas não precisam de feedback; precisam de incentivo que as empurre para o próximo nível. Considere.

"*Em mais de 25 anos de experiência em empresas, vi como o feedback constante pode ser prejudicial, como ele erode nossas capacidades de discernimento e autoconfiança... Também vi o que conversas de verdade sobre como abordamos problemas e interagimos com nossa equipe podem fazer, desde que sejam autênticas, alimentem nossa essência única e nos fortaleçam para construir nossa capacidade, ir além do que considerávamos possível. Nesse tipo de conversa, você não pode dar conselhos precisos sobre como pintar dentro das linhas, nem mesmo oferecer apoio por não pensar fora da caixa – você tem que abandonar as linhas e a caixa em busca de alguma coisa completamente desconhecida.*"

Do prefácio de *No More Feedback: Cultivate Consciousness at Work*, de Carol Sanford. *No More Feedback* é único, um trabalho extraordinariamente bem pesquisado, original e profundamente importante. Sanford começa a parte principal do livro assim: "Vou admitir desde o início que esta é uma visão contrária de um assunto que *eu amo odiar*. Feedback." (Itálico da autora.)

> **Tarefa 24** Avaliações são de extrema importância. Torne-se um estudante sério daí em diante. Se você tem 27 ou 47 anos, assuma que seu processo de avaliação e você mesmo estão muito encrencados. Minha estimativa: a importância das avaliações em uma escala de 1 a 10: 10. Quanto você está preparado: 0 a 0.5. (Talvez eu seja um pouco injusto, mas a defasagem de conhecimento-importância-preparação é imensa, indiscutivelmente.)

4.25

Decisões de promoção/Vida ou morte

Promoções são "decisões de vida ou morte".
PETER DRUCKER, *The Practice of Management*

Amém. "Vida ou morte." E a sugestão implícita é que a decisão de promover deve ser tratada com o extremo cuidado devido a qualquer decisão empresarial estratégica.

Não tenho dúvida de que você é "sério" sobre decisões de promoção. Desconfio fortemente (tenho certeza absoluta?) de que você não é sério o bastante, em especial quanto à promoção para vagas de liderança da linha de frente (ver seção 1.4, líderes da linha de frente como Força Corporativa nº 1).

FATO HARD Toda decisão de promoção é uma "decisão de CEO". Isto é, você quer que Maria, Mark, Saul ou Hana Mei seja "CEO do departamento de compras"... pelos próximos cinco anos? (Isso é MUITO importante.)

> **Tarefa 25A** Sua próxima decisão de promoção tem incrível impacto estratégico. Por favor (por favor!), lide com ela adequadamente.

> **Tarefa 25B** Faça uma revisão rápida da seção 1.4, a importância estratégica dos chefes de linha de frente. Não consigo pensar em nenhuma decisão de nenhum tipo que seja mais importante que sua próxima decisão de promoção para uma vaga de líder de linha de frente. Aja adequadamente!!!

4.26

Pessoas *realmente* em primeiro lugar: E³ (EEE) Engajamento Extremo do Empregado

- E³ – Engajamento Extremo do Empregado maximiza a qualidade do engajamento do cliente.
- E³ maximiza a retenção do cliente.
- E³ transforma "clientes" em "fãs".
- E³ torna seguro assumir riscos e cometer erros, o que, por sua vez, gera e maximiza a inovação em todos os níveis da empresa.
- E³ apoia e incentiva o trabalho em equipe.
- E³ reduz o atrito e aumenta a cooperação, o que melhora dramaticamente a comunicação crucial, interfuncional e a inovação a ela associada.
- E³ melhora a qualidade de empreendimentos conjuntos.
- E³ aumenta a cooperação e a comunicação, o que, por sua vez, aumenta a produtividade e a qualidade.
- E³ melhora dramaticamente a execução.
- E³ é a melhor defesa contra o tsunami da IA e, com folga, transforma a IA em parceira/aliada, em vez de inimiga.
- E³ incentiva o humanismo de tudo – que não é imediatamente copiável pela IA no futuro próximo.
- E³ reduz a rotatividade e estabiliza a força de trabalho.
- E³ torna possível recrutar os maiores talentos.
- E³ significa que os melhores empregados são muito mais propensos a permanecer na organização.
- E³ melhora a reputação da companhia do ponto de vista dos acionistas.
- E³ melhora as relações comunitárias.
- E³ é uma contribuição para a humanidade.
- E³ torna ir trabalhar um prazer – não um sofrimento.
- E³ possibilita que os líderes olhem para o espelho e sorriam.

- E^3 é Vantagem Competitiva nº 1.
- E^3 é o alicerce de Excelência. (Sem EEE, sem Excelência. Simples assim.)
- E^3 (contadores de moedas, tomem nota) é uma ferramenta singular, a melhor para maximização de lucro sustentável.
- $E^3 = \$\$\$\$$/Dinheiro (muito) no banco para todo mundo.

Esta é uma lista longa. Mas acredito piamente que ela não representa um exagero. Colocando de maneira simples, E^3 não tem concorrentes quando se trata de desempenho empresarial, sair na frente do "tsunami da IA" e fazer o que é certo para os membros de sua equipe e suas comunidades, em especial no meio da crise que enfrentamos agora.

> **Tarefa 26 "RESULTADO":** Em uma escala de 1-10, como sua unidade/organização/empresa se sai em E^3? (Sem resposta precipitada, por favor. Sua "Nota de E^3" é, indiscutivelmente, o número mais importante do seu Universo Profissional.)

4.27

Sua escolha:
Inteligência artificial. Inimiga? Ou amiga?

Um estudo da Universidade de Oxford de 2015 citado com frequência, mencionado anteriormente, previu que a inteligência artificial poria em risco 50% dos empregos administrativos norte-americanos ao longo das próximas duas décadas. Muitos especialistas dizem que a estimativa é bastante alta, mas ninguém nega que o impacto será significativo.

A posição assumida aqui é que temos escolha. A IA não precisa ser vista como um inimigo mortal. Pelo contrário. Ela pode agregar, e agregar de maneira significativa, às ideias oferecidas nestas páginas. Os melhores entre os melhores – dos quais muitos você conhecerá neste livro – investem com ousadia em tecnologia, mas usam essa tecnologia para melhorar a interação humana, não para substituí-la.

Vamos descrever desta maneira: IA *versus* IA: IA – Inteligência Autônoma (que não é humana) *versus* IA – Inteligência Aumentada (desempenho humano melhorado).

AuraPortal, uma empresa de software para produtividade de empresas e trabalho remoto com sede na Flórida, descreve Inteligência Aumentada e o cabo de guerra IA-IA muito bem em seu site.

"Inteligência Artificial... tem potencial para perturbar praticamente todas as áreas. Mas as empresas de tecnologia estão começando a pensar em IA de um jeito diferente, enquanto entendem que valor de mercado mais alto pode ser alcançado pela combinação de atividades humanas e IA.

Inteligência Aumentada, também chamada de Amplificação de Inteligência (AI), aumento cognitivo e inteligência melhorada, é, em suma, Inteligência Artificial com um toque a mais. Enquanto Inteligência Artificial é a criação de máquinas que trabalhem e reajam como humanos, Inteligência Aumentada é usar essas mesmas máquinas com uma abordagem diferente – aperfeiçoar o trabalhador humano. Inteligência Aumentada envolve pessoas e máquinas trabalhando juntas, cada uma usando seus pontos fortes para alcançar maior valor de mercado. Em outras palavras, o objetivo primário da IA é dar aos humanos maior capacidade para trabalhar melhor e com mais inteligência.

Kjell Carlsson, analista sênior da Forrester, diz que a Inteligência Aumentada é a chave para conduzir negócios rápidos com a IA. Ele explica: 'As empresas que estão fazendo progressos com Inteligência Artificial, que estão elevando rapidamente o valor de novos negócios e têm resultados visíveis disso, usam com frequência tecnologias de IA para tornar a vida de um empregado melhor'. E conclui: 'Inteligência Aumentada é, geralmente, uma abordagem melhor que usar IA para substituir a inteligência humana'.

Nos últimos anos, na classificação da tecnologia de IA em relação ao valor criado, a Inteligência Aumentada foi classificada em segundo lugar, atrás apenas de agentes virtuais [um personagem virtual de inteligência artificial animado, gerado por computador, que conduz uma conversa inteligente com usuários...]. No entanto, Gartner prevê que a ampliação da IA vai ultrapassar todos os outros tipos de iniciativas de IA, chegando ao primeiro lugar este ano, e explodindo em 2025."

A excelência da empresa centrada nas pessoas, que é o foco e a razão de ser deste livro, pende para o uso amplo de IA/Inteligência Aumentada/ Amplificação de Inteligência. E, como descrevemos aqui, a união de IA e *Pessoas (Realmente) em Primeiro Lugar* é sucesso para todos e qualquer um, um benefício para o empregado e a base para a diferenciação de produto e serviço que estimula de maneira significativa o desempenho financeiro.

Tarefa 27 Não fuja nem se esconda quando ouvir essa ladainha de "Inteligência Artificial logo ali na esquina". Primeiro, prepare-se. Adepto da tecnologia ou não, dedique um tempo significativo ao estudo de IA/IA. Essa deve ser uma prioridade pessoal, e deve ser colocada em prática imediatamente. Adepto da tecnologia ou não, júnior ou sênior, empresa pequena ou grande, promova discussões em grupo que examinem possibilidades da IA; essas discussões devem incluir clientes e representantes. Além disso, seja qual for seu cargo ou sua área de especialização, faça amizade – boas amizades, eu sugiro – com pessoas no grupo de sistemas de informação de sua empresa.

Repita:

Prepare-se hoje.

Não amanhã.

4.28

Pessoas em primeiro lugar:
Um legado inigualável

"De certa forma, o mundo é uma grande mentira. Mostra que idolatra e admira o dinheiro, mas, no fim, não é bem assim.

Ele diz que adora fama e celebridade, mas não é isso, não de verdade.

O mundo admira e quer se apegar à bondade, não se desfazer dela. Ele admira a virtude.

E, no fim, ele presta suas maiores homenagens a generosidade, honestidade, coragem, misericórdia, talento bem empregado, talentos que, levados ao mundo, o tornam melhor. É isso que ele realmente admira. É sobre isso que falamos nas homenagens, porque é isso que importa.

Não dizemos: 'O que Joe tinha de marcante era a riqueza!'.

Dizemos, se possível...

'O que Joe tinha de marcante era cuidar bem das pessoas.'"

PEGGY NOONAN, "A Life's Lesson", sobre a vida e o legado do jornalista Tim Russert, *Wall Street Journal*

Tarefa 28 O que_____(seu nome) tinha de marcante era...
(Para sua informação: multiplique isso por 10 ou 100 neste momento em que enfrentamos a Covid-19 e a inquietação social.)

Sustentabilidade extrema

5.29

**Sustentabilidade extrema
Impacto ambiental
Urgência das mudanças climáticas**

"Sustentabilidade: é a coisa certa a fazer, é a coisa mais sensata a fazer, é a coisa mais lucrativa a fazer."
HUNTER LOVINS

"Compre menos, escolha bem, faça durar. Qualidade em vez de quantidade: Essa é a verdadeira sustentabilidade. Se as pessoas só comprassem coisas bonitas em vez de porcaria, não teríamos mudança climática!"
VIVIENNE WESTWOOD

"O que fica claro é que muitas de nossas convenções e práticas não são mais válidas no contexto em que agora nos encontramos... Uma variedade de indicadores sociais e ambientais revela que os sistemas contemporâneos de produção e padrões de consumo são fisicamente, eticamente e espiritualmente insustentáveis. Por isso devemos avançar em território desconhecido e explorar novas abordagens mais benéficas para o ambiente e enriquecedoras para o indivíduo e a sociedade."
STUART WALKER, *Sustainable by Design: Explorations in Theory and Practice*

Todo mundo em sã consciência concorda que mudanças climáticas estão acontecendo em um ritmo exponencial possível de ser demonstrado. Evidências novas e incontestáveis de curto prazo, e muito mais as de longo prazo, apontam que danos transformadores para o mundo se acumulam, ao que parece, dia a dia.

As empresas são responsáveis direta ou indiretamente pela maior parte de nossa degradação ambiental, e, com ou sem incentivos governamentais, elas devem ser responsáveis pela reversão dessa onda.

Tarefa 29A Soluções radicais são solicitadas até o meio-dia. Se contribuições não radicais para a redução do impacto ambiental podem começar em uma hora em um departamento de compras com seis pessoas, em um departamento financeiro de nove pessoas e em uma empresa com três pessoas, imagine em uma grande organização abordada como um todo.

Tarefa 29B Independentemente da empreitada ou do tamanho da unidade, coloque a sustentabilidade em sua agenda diária prática. Para começar, assuma a responsabilidade de se educar e educar seus companheiros de equipe, se eles ainda não estiverem engajados. Você não vai reverter a onda, mas pode ser uma parte ativa e consciente na abordagem dessa questão. Agora.

Primeiros passos:

1. Acrescente a sustentabilidade ao seu Credo de Visão e Valores – ou seu equivalente, se não tiver uma declaração formal.
2. Faça da sustentabilidade uma parte formal discreta e visível de todas as análises estratégicas.
3. A sustentabilidade deve ser parte de todas as avaliações formais de um líder.

Leitura sugerida:

- *The Green to Gold Business Playbook: How to Implement Sustainability Practices for Bottom-Line Results in Every Business Function,* Daniel Esty e P. J. Simmons
- *Sustainable Excellence: The Future of Business in a Fast-Changing World*, Aron Cramer e Zachary Karabell
- *Green Giants: How Smart Companies Turn Sustainability into Billion-Dollar Businesses*, E. Freya Williams
- *Confessions of a Radical Industrialist: Profits, People, Purpose – Doing Business by Respecting the Earth*, Ray Anderson e Robin White

- *Sustainable by Design: Explorations in Theory and Practice,* Stuart Walker
- *Sustainable Business: Key Issues,* Helen Kopnina e John Blewitt
- *The Sustainable Design Book,* Rebecca Proctor
- *Aesthetic Sustainability: Product Design and Sustainable Usage,* Kristine Harper
- *Cradle to Cradle: Criar e recriar ilimitadamente,* Michael Braungart e William McDonough
- *Simplicidade elegante: A arte de viver bem em nosso precioso planeta,* Satish Kumar

Estratégia de valor agregado nº 1:

Humanismo Extremo: Um espelho tão grande quanto um band-aid

"Design é a alma fundamental de uma criação humana."

"Só uma empresa pode ser a mais barata. Todas as outras devem usar o Design."

Introdução
Design/Humanismo Extremo

De que profundo recanto da minha mente isso surgiu? Como costuma acontecer, de um livro. Especificamente de um de 1987, *The Design Dimension: The New Competitive Weapon for Business,* do colunista de negócios do *Financial Times* Chris Lorenz. Para mim, os insights eram novidade. E logo me senti cativado, fisgado, e ali começava minha obsessão de 34 anos pelo design. E é uma obsessão. Sou engenheiro, aliás, e por isso (mais ou menos) esteticamente limitado. Mas meu "score de apreciação do design" é 11 em uma escala de 1 a 10. Esse score de apreciação subiu ainda mais nos últimos anos. Vejo experiências estéticas que mobilizam sensibilidade e emoção como "o melhor ataque" – e não "a melhor defesa" – para confrontar, e até dominar, coisas como a iminente incursão da IA.

Do meu ponto de vista, design é "humanismo" puro e simples. De fato, a expressão que prefiro é "Humanismo Extremo". E, mais importante que tudo, talvez, acredito que Humanismo Extremo se aplique igualmente a empresas de seis ou 6 mil funcionários. Acredito que o Humanismo Extremo valha para departamentos de compras e vendas, contabilidade e, igualmente, para a equipe de desenvolvimento de produto. Você pode não acreditar, mas eu acho que um relatório financeiro pode ser tão bem desenhado quando uma peça de roupa de grife. Um relatório que é compreensível para alguém cuja matemática chegou ao seu ápice no quinto ano. Envolvente. Direto. Completamente livre de jargão. Atraente (sim). Cativa, em vez de despertar a vontade de sair correndo. E por aí vai.

Design/Humanismo Extremo é... vida.

Design/Humanismo Extremo é... alma.

Design/Humanismo Extremo... nos faz sorrir.

Design/Humanismo Extremo... faz nossos parceiros sorrirem.

Design/Humanismo Extremo... nos deixa orgulhosos.

Design/Humanismo Extremo é... Diferenciador de Mercado nº 1.

Design/Humanismo Extremo é... "um espelhinho do tamanho de um band-aid".

Um espelhinho do tamanho de um band-aid

"Janet Dugan, arquiteta especializada na área de saúde, teve a inspiração para sua experiência recente quando se submetia a uma ressonância magnética. Enquanto estava ali deitada, quieta e esperando, notou um espelhinho colocado embaixo da peça de suporte para a cabeça. Estava inclinado, de forma que ela conseguia enxergar através do túnel, ver o técnico de radiologia e fazer contato visual com ele. 'Uma coisinha minúscula', ela me disse. 'Mas que diferença ela fez. Eu me senti menos sozinha. Estava conectada a outra pessoa justamente no momento em que mais precisava de apoio. E, apesar de não ser claustrofóbica, me acalmou um pouco conseguir ver o lado de fora do túnel... Eu [vi] que o técnico era simpático e que a enfermeira se esforçava para me fazer rir... acredito no poder do design para contribuir com o processo de cura – arquitetura pode dar forma a eventos e transformar vidas. Mas naquele dia, naquela experiência, o que realmente me confortou foi um espelhinho do tamanho de um band-aid."
TIM LEBERECHT, *Romantize seus negócios: Dê o máximo e crie algo maior do que você é*

6.30

Estratégia de valor agregado nº 1:
Humanismo Extremo/Primazia do design
Consciência onipresente do design

Humanismo Extremo/Primazia do design

A produção de bens, produtos e serviços, com o passar do tempo (e talvez não seja muito tempo), vai ser desempenhada em grande escala por alguma combinação de IA e robótica. Mas a diferenciação marcada pelo envolvimento humano é inteiramente possível. No entanto, para isso, será necessária uma disposição mental que hoje é praticada por uma porção relativamente pequena de empresas.

Isso precisa mudar.

A nova ordem mundial (do sucesso) é o que chamamos de... "Humanismo Extremo". Esse Humanismo Extremo é mais bem expresso pela consciência onipresente do design, que pode ser praticada em todos os cantos e em todos os nichos de todas as organizações.

> **HUMANISMO EXTREMO** *"Ele disse que, para ele, o ofício de construir um barco era como uma religião. Não era suficiente dominar os detalhes técnicos. Era necessário se doar à tarefa espiritualmente; era preciso render-se a ela completamente. Quando você termina e vai embora, tem que sentir que deixou um pedaço seu naquilo para sempre, uma parte do seu coração."*
> **DANIEL JAMES BROWN** sobre George Yeoman Pocock, principal projetista e construtor de barcos a remo para competição, em *Meninos de ouro. Nove americanos e sua busca épica pela vitória nas Olimpíadas de Hitler*

> **HUMANISMO EXTREMO** *"Qualquer escola de administração no mundo o levaria à ruína se você saísse de lá com um plano de negócios que estabelecesse: 'Ah, aliás, vamos projetar e fabricar nossos*

próprios parafusos a um custo exponencialmente maior do que te-ríamos se os comprássemos'. Mas esses não são só parafusos. Como o próprio termômetro [Nest], são parafusos melhores, parafusos épicos, parafusos que, eu me atreveria a dizer, têm um significado mais pro-fundo. Funcionalmente, utilizam um padrão de rosca específico que permite sua introdução em quase todas as superfícies, de madeira a gesso e placas finas de metal. E a parafusadeira [cliente] dá a sensa-ção de estar equilibrada na mão. Tem o logotipo Nest e parece uma 'Nestice', exatamente como tudo da Apple parece uma 'Applezice'." **TONY FADELL**, fundador da Nest, em *A teoria soft edge*, de Rich Karlgaard

Design que faz uma diferença duradoura/Design que pega
Tem 100% a ver com profunda conexão emocional

"Depois de passar um século ou mais focados em outros objetivos – resol-ver problemas de fabricação, baixar custos, tornar produtos e serviços amplamente disponíveis, aumentar a conveniência –, estamos cada vez mais envolvidos em tornar nosso mundo especial. Mais pessoas em mais áreas da vida extraem prazer e significado da aparência e da sensação de seus lugares, pessoas e coisas. Sempre que temos oportu-nidade, acrescentamos apelo sensorial, emocional à função comum." **VIRGINIA POSTREL**, *The Substance of Style: How the Rise of Aesthe-tic Value Is Remaking Commerce, Culture, and Consciousness*

Líder como designer humanista extremo conecta-se emocionalmente ao produto ou serviço e àqueles que o desenvolvem
("parafusos épicos, parafusos com significado mais profundo")

Líder como designer humanista extremo conecta-se emocionalmente à comunidade maior

Líder como designer humanista extremo conecta-se emocionalmente aos clientes-representantes de vendas

Clientes-representantes de vendas conectam-se emocionalmente ao líder como designer humanista extremo

Minha proposta é a de que todo líder se torna um designer de fato e deve adquirir essa sensibilidade ou ser contratado por já tê-la. Em uma organização realmente permeada por Consciência de Design/Humanismo Extremo/Conexão Emocional Extrema, a "sensibilidade de design" é tão evidente em um treinamento, em uma campanha de mídia social ou em uma abordagem das atividades de governança de um hotel (lembre-se das cortinas de banho dentro da banheira – Lição de Vida nº 1 de Conrad Hilton) quanto no produto ou serviço vendido diretamente ao cliente externo pagante.

(Esclarecimento: Isso não é uma sugestão de que todo líder precisa ter um diploma da escola de design da RISD, Parsons ou Stanford. Estou sugerindo a evidência de alguma medida de sensibilidade estética [um contador que esculpe iscas de pato como hobby ou é um excelente cozinheiro em casa, por exemplo], e isso também reforça meu clamor por mais profissionais da área de humanas e menos MBAs com diplomas de finanças ou marketing.)

Tarefa 30A Pense bem nisto: "É necessário se doar a isso espiritualmente; é preciso render-se a isso completamente". "Parafusos épicos com significado mais profundo." Para internalizar a ideia de Consciência de Design/Humanismo Extremo/Conexão Emocional Extrema, coisas como "parafusos épicos" devem ser vistas não como um "jogo de palavras astuto", mas como um modo muito sério como designers, e todo líder formal, enxergam o mundo, o produto ou o serviço, e o cliente externo ou interno.

Eu chamo o dia 10 de agosto de 2011 de "o segundo Dia D" (o primeiro foi a data dos desembarques na Normandia em 6 de junho de 1944). Em 10 de agosto de 2011, a capitalização de mercado da Apple ultrapassou a da ExxonMobil. A empresa orientada para o design supera a outra, baseada em recursos naturais, e torna-se a corporação mais valiosa dos Estados Unidos. Depois disso, eu digo que o design não pode mais ser visto com a "opção legal" peso-leve, o "embelezamento". Apple > ExxonMobil. Caso encerrado.

Essa é a essência da diferenciação sustentável. Esse jeito de pensar, e esse viver imersivo, pode não vir naturalmente a você. Sou engenheiro com MBA; para mim, não foi natural. Mas isso precisa mudar. Para mim, a mudança aconteceu pelo contato com pessoas como Donald Norman depois da publicação de seus livros, *O design do dia a dia* e *Design emocional*; depois tive a grande sorte de meu escritório em Palo Alto ser praticamente vizinho ao do fundador da IDEO, David Kelley, que se tornou um amigo e mentor de design e provocador.

Eu realmente me joguei na frente do "trem do design". Minha esposa é artista têxtil e tecelã. Eu não sou, certamente. Mas meu reconhecimento e minha defesa da Excelência em Design/Design Emocional são imensos. E agora estou reformulando tudo isso, com ainda mais ênfase – e muito mais urgência, levando em consideração estes tempos –, como Humanismo Extremo.

Tarefa 30B Venha comigo na (empolgante) (urgente) (que faz a diferença) Aventura do Humanismo Extremo – por bem ou por mal. Nossa vida profissional e a de nossos companheiros dependem disso!

6.31

Humanismo Extremo. Design como alma. Design como serviço à humanidade. Design como quem somos

"A graça peculiar de uma cadeira Shaker se deve ao fato de ter sido feita por alguém capaz de acreditar que um anjo poderia vir sentar-se nela."
THOMAS MERTON, em *Religion in Wood: A Book of Shaker Furniture*, de Edward Deming Andres e Faith Andrews

Tarefa 31A Isso pode ser usado no seu canto do universo – por exemplo, departamento de compras, TI, um escritório de contabilidade com três pessoas? Minha resposta inequívoca: SIM!

Tarefa 31B Discuta e não saia da sala até traduzir "acreditar que um anjo poderia vir sentar-se nela" em seu novo produto ou curso de treinamento.

"Exponha-se às melhores coisas que os humanos fizeram e depois tente levar essas coisas ao que você está fazendo."
STEVE JOBS em "The Lost Interview: Steve Jobs Tells Us What Really Matters", de Steve Denning na *Forbes*

"De algum jeito, nos importando, estamos realmente servindo à humanidade. As pessoas podem pensar que essa é uma crença idiota, mas é um objetivo – uma contribuição que esperamos poder dar, em alguma pequena medida, à cultura."
JONY IVE, designer-chefe da Apple

"Steve e Jony [Ive] discutiam quinas por horas e horas."
LAURENE POWELL JOBS

"Não temos uma boa linguagem para falar sobre esse tipo de coisa. No vocabulário de muitas pessoas, design significa verniz. [...] Mas, para mim, nada pode estar mais longe do significado de design. O design é a alma fundamental de uma criação do homem."
STEVE JOBS

"É justo dizer que quase nenhum veículo novo na memória recente provocou mais sorrisos."
TONY SWAN, "Behind the Wheel", avaliação do MINI Cooper S; *New York Times*

"O design é tratado como uma religião na BMW."
ALEX TAYLOR, "BMW Takes Its Own Route", *Fortune*

"A Starbucks passou a ser operacionalmente orientada, agora opõe eficiência ao romance. Perdemos a alma da companhia."
HOWARD SCHULTZ, em uma entrevista para o *Financial Times*, sobre os problemas da Starbucks que levaram Schultz a reclamar o cargo de CEO

"Romance" e "alma" animam toda a organização em empresas orientadas para o design e para o Humanismo Extremo. E, como sempre, meu adendo: isso vale tanto para departamentos de treinamento com nove funcionários ou consultorias de duas pessoas quanto para Starbucks, Apple ou BMW.

"Como executivo de marketing, vejo as empresas como uma das maiores aventuras da empreitada humana – se não a maior. Mas não sou só um empresário: também sou um romântico declarado. Acredito que o mundo seria um lugar melhor se tivéssemos mais romance em nossas vidas. Acredito que a emoção come a razão no café da manhã. Não sou dado a devaneios, não sou idealista nem ativista social. Sou um romântico empresarial."
TIM LEBERECHT, ex-diretor de marketing da Frog Design, *Romantize seus negócios: Dê o máximo e crie algo maior do que você é*

Tarefa 31C Considere/reflita: "Maiores aventuras da empreitada humana"/"romântico declarado"/"romântico empresarial"/"emoção come a razão no café da manhã". Nenhuma dessas frases é "exagerada", na minha opinião. Todas são coerentes com a ideia do "Humanismo Extremo" que, repito, vejo como o "Diferenciador nº 1" na "era da IA". Sugiro também, talvez uma opinião extrema, que essas ideias de design são especialmente adequadas para esta época horrenda de Covid-19. Ótimo design, como tenho enfatizado com insistência, tem a ver com se importar – e com uma organização dedicada a esse cuidado, que deixa para trás os frios serviços e produtos "de baixo custo e com menos funcionários" e dedica-se a produzir bens e serviços que enriquecem a vida das pessoas.

Humanismo Extremo: Lovemarks

"Os acionistas muito raramente amam as marcas em que investiram. E a última coisa que eles querem é um relacionamento próximo. Acreditam que isso poderia prejudicar seu julgamento. Querem mensurabilidade, retornos aumentados (sempre) e nenhuma surpresa (nunca). Não é de estranhar que tantas marcas percam o rumo emocional que as levou a seu extraordinário sucesso e as transformou, em vez disso, em ruminantes de métricas da mais baixa categoria.

Fique atento aos sinais: Aqui trabalham cabeças, não corações...

Quando sugeri pela primeira vez que o Amor era o caminho para transformar empresas, CEOs experientes coraram e se esconderam atrás de relatórios anuais. Mas eu insisti com eles. Sabia que o que faltava era Amor. Sabia que o Amor era o único jeito de elevar a temperatura emocional e criar os novos tipos de relacionamentos de que as marcas precisavam. Sabia que o Amor era a única resposta que as empresas podiam dar à rápida mudança do controle para os consumidores."

KEVIN ROBERTS, ex-CEO da Saatchi & Saatchi, *Lovemarks: O futuro além das marcas*

Humanismo Extremo/Consciência de Design
Manifestações na organização
"Procura-se romântico empresarial para integrar nossa equipe"

De *Romantize seus negócios: Dê o máximo e crie algo maior do que você é*, por Tim Leberecht:

> *"Procura-se romântico empresarial para integrar nossa equipe: O romântico empresarial, subordinado ao* CEO, *vai ajudar os colegas, clientes, parceiros e a sociedade de maneira geral a ver a beleza do mundo dos negócios com um olhar renovado. Adotando a esperança como estratégia, o romântico empresarial apresenta narrativas coesas que explicam locais de trabalho mais complexos e fragmentados e conversas de mercado. Em vez de focar bens e retorno de investimentos, o romântico empresarial expõe os tesouros ocultos da empresa e dá retorno à comunidade. O romântico empresarial desenvolve, projeta e implementa 'atos de significância' que restauram a confiança nostálgica na empresa como a empreitada humana de maior impacto e fornece a plateias internas e externas experiências de marca e local de trabalho ricas em significado, prazer e diversão. Buscamos um autodidata com forte orientação empresarial, gosto requintado e um histórico comprovado de gerenciamento do imensurável. As responsabilidades específicas incluem, mas não se limitam a..."*

Tarefa 31D Esse foi um anúncio real de vaga que obteve um retorno avassalador. E a sua organização? *Pronta para um romântico empresarial?*

Entre outras coisas, a importância e urgência da ideia guarda-chuva deve se traduzir diretamente em, digamos, práticas de contratação. Isto é, para invadir toda a empresa com reconhecimento de Consciência de Design/Humanismo Extremo, precisamos salpicar todos os cantos e nichos com aqueles que têm o histórico e a experiência apropriados. Não, não estou sugerindo que alguém formado em uma escola de design deva ser membro em tempo integral do departamento pessoal ou de finanças.

Mas estou sugerindo – bem diretamente – que, quando buscarmos candidatos para vagas no Departamento Pessoal, ou de Finanças, nosso olhar se volte para os graduados em, digamos, Ciências Humanas ou Teatro, ou para os currículos que reflitam um interesse persistente na área de humanas. Você quer Consciência de Design que abranja toda a empresa? Contrate para a organização os que demonstraram sensibilidades/predisposições apropriadas no currículo. (Essa ideia deve ser multiplicada por dois ou mais em relação a decisões sobre promoções e, mais uma vez, para toda a empresa.)

> **Tarefa 31E** Contrate para uma predisposição estética em todos os departamentos. Formalize os critérios.

Humanismo Extremo/Consciência de Design
Acreditar que um anjo poderia vir sentar-se nela

Aqui vão alguns trechos impactantes do material que acabamos de examinar:

- *"Deixar um pedaço do seu coração"*
- *"Parafusos épicos, parafusos com significado profundo"*
- *"Acreditar que um anjo poderia vir sentar-se nela"*
- *"Discutir quinas por horas e horas"*
- *"Servir à humanidade se importando"*
- *"Levar as melhores coisas que os humanos fizeram para o que você está fazendo"*
- *"Provocar mais sorrisos"*
- *"Religião"*
- *"Romance"*
- *"Alma Fundamental"*
- *Emoção > Razão*
- *"Procura-se um romântico empresarial"*
- *"Crie alguma coisa maior que você mesmo"*

- *"Lovemarks"*
- *"O Amor é a única resposta para a rápida mudança do controle para os consumidores"*

Tarefa 31F Por favor, reflita.

Consciência de Design/Humanismo Extremo Onipresença do Design/Design é seu próximo e-mail de quatro linhas

"Design é tudo.
Tudo é design.
Somos todos designers."
RICHARD FARSON, *The Power of Design: A Force for Transforming Everything*

"Normalmente, o design é uma faixa vertical na cadeia de eventos na entrega de um produto. [Na Apple, é] uma longa faixa horizontal, na qual o design é parte de todas as conversas."
ROBERT BRUNNER, ex-diretor de design da Apple, em "The Shape of Things to Come", de Ian Parker na *New Yorker*

O design é instintivamente parte de todas as decisões – e, na verdade, de todas as conversas. Difícil! Mas, me repetindo pela enésima vez (isso é muito importante para mim), há poucas dúvidas de que Consciência de Design/Humanismo Extremo em tudo que fazemos é o Diferenciador nº 1 para os próximos anos. *Para qualquer organização e todas elas.*

Design é:

- A área de recepção.
- Os banheiros (!!!).
- Diálogos no call center.
- Todos os "mapas" de processos empresariais.
- CA-DA e-mail e mensagem eletrônica.
- Toda agenda de reuniões/ambiente/etc.
- Os primeiros cinco minutos depois que você entra no escritório/ os primeiros três minutos de uma reunião em home office/Zoom.
- Todo contato com cliente.
- Uma consideração em toda decisão de promoção.
- A presença ubíqua de uma "sensibilidade estética".
- A administração andando pela empresa hoje de manhã ou a administração via Zoom.
- Uma preocupação com o valor de nossos produtos e serviços para a humanidade.
- E mais.

Tarefa 31G Você e seus colegas adotam essa visão abrangente do design com entusiasmo? (Discutam em profundidade.)

6.32

Design/Excelência/Humanismo Extremo
As últimas palavras:
Não só o clean, mas também o bonito e o natural

"Rikyu estava vendo o filho Sho-an varrer e lavar a calçada do jardim. 'Não está suficientemente limpo', Rikyu disse quando Sho-an terminou a tarefa, e o mandou tentar de novo. Depois de uma hora cansativa, o filho olhou para Rikyu: 'Pai, não tem mais nada para fazer. Lavei a escada pela terceira vez, os canteiros de pedra e as árvores foram molhados, o musgo e o líquen estão brilhando e verdes; não deixei um graveto, uma folha no chão'. 'Jovem tolo', censurou o mestre do chá, 'não é assim que uma calçada de jardim deve ser varrida.' E Rikyu se levantou, sacudiu uma árvore e espalhou folhas douradas e avermelhadas pelo jardim, retalhos do brocado do outono! O que Rikyu exigia não era só limpeza, mas também o belo e o natural."
KAKUZO OKAKURA, *O livro do chá*

"Significado, intuição, silêncio, reflexão, localização, harmonia e tempo"

"Para dar uma contribuição importante à cultura contemporânea, o design precisa ir além das soluções instrumentais, para os problemas muitas vezes triviais. Do design de móveis aos utensílios domésticos, de eletrônicos a serviços, a aspiração convencional mas estreita do design de criar 'encantamento' e 'prazer' no uso de coisas comuns nos oferece pouco mais que novidade interminável... O design tem que ir além desses aparelhos desejados que nos incapacitam e conectam uns aos outros e ao mundo... Hoje, o design precisa abordar questões bem diferentes... sobre prioridades, valores e significado. Para buscar respostas, temos que olhar para o mundo dos encontros reais e das experiências vividas...

[...] *O design está relacionado a significado, intuição, silêncio, reflexão, localização, harmonia e tempo."*
STUART WALKER, *Design for Life: Creating Meaning in a Distracted World*

"Só uma empresa pode ser a mais barata. Todas as outras têm que usar design."
RODNEY FITCH, *Fitch on Retail Design*

Humanismo Extremo: Começando

Design Emocional/Humanismo Extremo/Romance *et al.* são ideias realmente cruciais. Dê uma olhada nesta lista de leitura...

- *Design Emocional: Por que adoramos (ou detestamos) os objetos do dia a dia,* Donald Norman
- *Encantamento: A arte de modificar corações, mentes e ações,* Guy Kawasaki
- *Lovemarks: O futuro além das marcas,* Kevin Roberts
- *Romantize seus negócios: Dê o máximo e crie algo maior do que você é,* Tim Leberecht
- *Design for Life: Creating Meaning in a Distracted World,* Stuart Walker

Tarefa 32A Nenhum tópico neste livro requer mais reflexão. Ponto-final.

O que nos resta somos nós

Falo muito sobre QE e empatia, sobre Humanismo Extremo, Engajamento Extremo do Empregado. As organizações são tradicionalmente construídas sobre a lógica. As escolas de administração pregam lógica. Bem, a IA vai usurpar, mais ou menos, tudo isso. O que nos resta somos nós. Ser mais humano, aproximar-se das "coisas soft".

Tempos extremos/Nomes de domínio apropriados

- HumanismoExtremo.com
- SustentabilidadeExtrema.com
- ExtremoEngajamentoComunitario.com
- ExtremoEngajamentodoFuncionario.com
- ExtremaConscienciadeDesign.com
- DesenvolvimentoPessoalRadical.com
- HumanismoOfensivo.com
- EscutaFeroz.com
- EscutaAgressiva.com

Tarefa 32B Quero muito converter cada uma dessas URLs em um movimento totalmente desenvolvido. Procuram-se voluntários! (E também, é claro, quero muito que esses itens desempenhem o papel principal na vida organizacional diária – e, por mais que possa ser uma busca quixotesca, ver esses conceitos no topo das grades curriculares dos MBAs.)

145

Estratégia de valor agregado nº 2:

CDCs: Coisas que Deram Certo

- **Experiências emocionalmente cativantes.**
- **Experiências que permanecem.**
- **Pequeno > Grande.**
- **O melhor banheiro dos Estados Unidos.**

7.33

Estratégia de valor agregado nº 2:
Uma avalanche de CDCs/Coisas que Deram Certo
Pequeno > Grande

O enorme abismo 8-80

- Clientes que descrevem suas experiências de serviço como "superior": 8%.
- Companhias que descrevem a experiência de serviço que fornecem como "superior": 80%.

Pesquisa **BAIN & COMPANY** com 362 companhias

CDCs/O socorro de Coisas que Deram Certo

Uma grande parte do fechamento do que chamo de "lacuna/abismo 8-80" (e é um abismo) vem de um caminhão de CDCs adicionadas. E adicionadas e adicionadas.

Historicamente, CDE, ou Coisas que Deram **Errado**, era uma importante medida de qualidade, especialmente na indústria automobilística. A qualidade ainda é de suprema importância, mas o fato é que muitas coisas funcionam muito bem – um escore baixo de CDE é imperativo, mas não é mais o diferenciador fundamental que já foi. Portanto, sugiro uma mudança para o lado positivo da equação, o numerador, se você quiser: distinção por meio de toques especiais que chamo de CDCs, ou Coisas que Deram Certo.

Adotar as coisas que deram certo é a minha opção, junto com uma grande dose de Consciência de Design, conforme discutido anteriormente, como os principais promotores de excelência-2021-que-pega. Minha preferência, embora estratégica em impacto, é em grande parte tática, ajustando e ajustando e aperfeiçoando e aperfeiçoando nosso serviço, em particular, e ofertas de produto – criando impacto de "prazer" e "fãs" e de "não podem viver sem nós" no cliente. E, da maior importância, com a contribuição de todos os membros da companhia. Adotar o CDC é um procedimento "todos a bordo" e "para todo o sempre"!

Tarefa 33A Determine de maneira formal ou informal se você sofre do seu "Abismo 8-80". Em empresas maiores, isso pode ser caro e tomar tempo. Mas vale a pena. Mesmo em um cenário menor, sugiro algum tipo de mensuração quantificada. E, como sempre nestas páginas, repito que isso vale igualmente para departamentos internos e para unidades de contato com o cliente. (Todos estamos em "unidades de contato com o cliente", certo? Algumas são para clientes externos, outras para clientes internos – e cliente significa cliente, com tudo que isso implica.)

Tarefa 33B Com a avaliação em mãos, pense e depois ponha em prática algum tipo de cultura de CDC que envolva todo mundo. Hora de início: HOJE. Hora de conclusão: NUNCA.

7.34

Seja o melhor. Esse é o único mercado de trabalho que não está saturado Jungle Jim's/Central CDC O melhor banheiro dos Estados Unidos

George Whalin escreveu *Retail Superstars: Inside the 25 Best Independent Stores in America*, e o livro é uma obra-prima. Vinte e cinco estudos de caso inigualáveis e criativos de megadiferenciadores independentes que enfrentaram e derrotaram as grandes cadeias; e, até agora, a Amazon. Cada uma delas produz e dirige sua versão de... "O MAIOR ESPETÁCULO DA TERRA".

EXEMPLO
Shoppertainment Jungle Jim's*
International Market, Fairfield, Ohio
(*O fundador Jim Bonaminio exige ser chamado de "Jungle"!)

Do livro *Retail Superstars*:

> *"Uma aventura em Shoppertainment... uma área de quase 28 mil metros quadrados com 150 mil produtos alimentícios de 75 países, e 50 mil visitantes do mundo todo por semana."*

Jungle Jim's = Central CDC/um zilhão de "pequenos" (ou, às vezes, nem tão pequenos!) diferenciadores:

> *"Um leão robô de dois metros de altura diverte os consumidores cantando 'Jailhouse Rock' de Elvis Presley...*
> *"O display da Floresta de Sherwood na área de Comidas da Inglaterra tem até um Robin Hood falante...*
> *"Um antigo caminhão da Boar's Head paira sobre a rotisseria.*
> *"Um riquixá em tamanho natural enfeita a área de Comida Chinesa...*

150

"Uma carroça amish puxada por cavalos em Carnes...

"Um antigo carro de bombeiros sobre o display de molho picante [são 1.400 opções de molho...]

"Carrinhos de bate-bate cheios de doces no Departamento de Doces."

E, no topo da lista das CDCs do Jungle Jim's (para mim):

"Dois banheiros portáteis, masculino e feminino, situados na área frontal do espaço parecem ser mais adequados a um canteiro de obras do que a um mercado. Mas são só fachada, e quando passam pela porta, os clientes entram em banheiros lindamente equipados.

"Essas instalações criativas foram reconhecidas em 2007 como 'O MELHOR BANHEIRO DOS ESTADOS UNIDOS' na sexta competição anual patrocinada pela Cintas Corporation, um fornecedor de produtos de higiene e limpeza para banheiro."

Se eu fosse lojista, não haveria um prêmio que eu quisesse mais que esse, nem mesmo o famoso Baldrige Award!!!

Eis a habilidosa avaliação de Whalin sobre a estratégia de seus 25 superstars independentes.

Tarefa 34 Que Jungle Jim's seja um exemplo para você! Isto é, que sua imaginação não tenha limites! Procure manifestações malucas de CDC em qualquer lugar e em todos os lugares – em especial nos mais inusitados. Não descanse antes de "roubar" uma "lista maluca" de pelo menos vinte itens. Envolva TO-DO MUN-DO!

Começar: Hoje.

Repetir: Para sempre.

7.35

CDCs: Pequeno > Grande
Adotar o CDC: Uma característica cultural

> *"Cortesias pequenas e corriqueiras são aquelas que penetram mais fundo o coração grato e reconhecido."*
> **HENRY CLAY**

Essa foi a epígrafe do meu livro *The Little Big Things*, e uma estrela-guia para mim, lançado após minha tese "pequenas vitórias" de PhD em 1977. Pesquisas demonstram: as lembranças de cortesias "corriqueiras" (CDCs) podem durar a vida inteira!

> *"Não vamos esquecer que pequenas emoções são as grandes capitãs de nossa vida."*
> **VINCENT VAN GOGH**

E lembre-se da epígrafe da seção de abertura deste livro, EXCELÊNCIA:

> *"Não lembramos dos dias, lembramos dos momentos."*
> **CESARE PAVESE**, poeta

> *Pequeno > Grande*
> **HENRY CLAY, VINCENT VAN GOGH, CESARE PAVESE, TOM PETERS**
> (sim, tomei uma pequena licença poética)

Uma "obsessão pelo pequeno" é uma questão de cultura – isto é, um ambiente onde todos e cada um estejam em sintonia e obcecados por pequenas coisas, que são, coletivamente, os mais importantes pontos de diferenciação.

> **Tarefa 35A** Pequeno > Grande é, de fato, persistência. Somos massacrados para desenvolver "inovações" e "estratégias campeãs". Então, como direcionamos uma organização inteira para, sim, micro-CDC-mania??? (Isso, na minha opinião, é indispensável e imediato. Poucas coisas nestas páginas são mais importantes.)

> **Tarefa 35B** Tarefa de leitura: *The Power of Small: Why Little Things Make All the Difference*, de Linda Kaplan Thaler e Robin Koval. *The Manager's Book of Decencies: How Small Gestures Build Great Companies*, de Steve Harrison, Adecco.

CDC/Procedimento de CDC: Uma característica cultural.
O alicerce do Humanismo Extremo.

O procedimento de CDC não é um ato isolado. É o produto de uma estratégia de organização e, especialmente, cultura que incentiva vigorosamente e apoia 100% do estafe a "fazer o esforço extra" para, de maneira rotineira – e sem "permissão" –, inventar e acrescentar toques que ao final fazem uma enorme diferença. E que são, indiscutivelmente, nada menos que o esteio do Humanismo Extremo.

Um processo de CDC-zação apoia a espontaneidade da equipe. "Ei, é claro, tente."

Um processo de CDC-zação inclui... aplauso contínuo. Isto é, reconhecer de forma regular e pública aqueles que tentam o novo, que fazem o esforço extra.

CDC-zação é um estilo de vida profundamente entranhado.

CDC-zação recompensa muito no balancete.

Embora cada pedaço possa ser pequeno, CDC-zação coletiva é... estratégica.

> **Tarefa 35C** Faça um desenho de como uma vibrante e próspera "Organização CDC-zante" (sua organização/pequena ou gigante) pode ser. Dar os primeiros passos?? (Repito: isto é... muito importante.)

Estratégia de valor agregado nº 3:
Foco na renda bruta

- Melhor antes do mais barato.
- Renda antes do custo.
- Não há outras regras.

8.36

Estratégia de valor agregado nº 3:
Foco na renda bruta
Melhor antes do mais barato
Lucro antes do custo
Não há outras regras

TOMADA Nº 1 De *As três regras: como as empresas excepcionais pensam*:

1. Melhor antes do mais barato.
2. Renda antes do custo.
3. Não há outras regras.

A consultoria Deloitte usou uma amostra de 45 anos de desempenho de 25 mil companhias e, no fim, reduziu a lista a 27 superstars, das quais extraiu três regras que inspiraram o título do livro coescrito por Michael Raynor e Mumtaz Ahmed.

TOMADA Nº 2 "Três estratégias para dominar uma economia assustadora"/ Descobertas dos que tiveram melhor desempenho:

> *"Eles administram por Valor [isso é valor em longo prazo, não ganhos em curto prazo]."*
> *"São radicalmente clientecêntricos."*
> *"Seguem desenvolvendo o capital humano."*
> **GEOFF COLVIN**, *Fortune*

Com frequência, especialmente entre as grandes, empresas típicas da Fortune 500 comprometidas com a maximização de valor ao acionista em curto prazo, a redução violenta de custos e a demissão do corpo de atendimento são as táticas "estratégicas" preferidas. Mas, nas duas extensas e confiáveis análises aqui revistas, a construção de renda por meio da Excelência de produto/serviço levou o ouro.

Estratégia de valor agregado nº 4:

Não é necessário existir essa coisa de mercadoria

- **Garagem como ícone cultural.**
- **Encanador como artista.**

9.37

Estratégia de valor agregado nº 4:
Não é necessário existir essa coisa de mercadoria
Garagem como ícone cultural
Encanador como artista

Excelência em garagem. "Carcitecture"

Extraído do (maravilhoso) *Simply Brilliant: How Great Organizations Do Ordinary Things in Extraordinary Ways*:

1111 Lincoln Road.

Este endereço se tornou um marco em Miami Beach. Por exemplo, quando LeBron James, então jogador do Miami Heat e melhor jogador de basquete do mundo, apresentou seu 11º tênis Nike, ele comemorou em grande estilo no... 1111 da Lincoln Road.

Então, o que tem nesse endereço especial?

Uma garagem para trezentos carros!

O desenvolvedor Robert Wennett quis "reinterpretar a visão original da Lincoln Road, criada em 1910". Entre muitas outras coisas, isso significava uma renovação assinada pelos arquitetos mundialmente famosos Herzog & de Meuron. O "produto" se resumia em, de acordo com alguém da imprensa, "carcitecture", um "casamento inimaginável de arquitetura luxuosa e garagem para carros".

O número 1111 da Lincoln tem, entre muitas outras coisas, arte pública e uma grande escadaria (muitos corredores se exercitam ali todas as manhãs – muitos deles depois fazem aulas de ioga na garagem). Wennett chama tudo isso de "espaço com curadoria que proporciona uma experiência, contando uma história".

O próprio Wennett morou em uma cobertura em cima da garagem.

Isso é "exagero"? É claro! Mas também é um empreendimento muito lucrativo, um transformador da comunidade e um ato sem igual de imaginação!

Garagem como uma utilidade?

Quem disse...

EXCELÊNCIA em garagem? Por que não?

HUMANISMO EXTREMO em garagem? Por que não?

PARAÍSO DO CDC NO CORAÇÃO DE MIAMI em garagem? Por que não?

Simply Brilliant contém uma coleção de exemplos improváveis e inspiradores de superastros de EPMPs.

Valor agregado/Excelência/ O encanador local

O encanador local (ou pintor, ou eletricista, ou...) não presta um "serviço de utilidade"...

- **se** ele conhece bem seu trabalho.
- **se** é um estudante obcecado, aprendendo habitualmente novas habilidades.
- **se** tem uma disposição vencedora (MI/Muito Importante).
- **se** aparece pontualmente na hora marcada.
- **se** aparece vestido adequadamente.
- **se** tem uma caminhonete perfeitamente limpa (não importa a época do ano).
- **se** resolve o problema de maneira elegante e oportuna – e explica claramente o que fez e por que fez desse ou daquele jeito.
- **se** deixa tudo tão limpo que o cliente poderia "comer no chão da área do conserto".
- **se** ele se oferece para fazer alguns pequenos consertos, além daquele para que foi contratado, de graça.
- **se** telefona (telefona, não manda e-mail) 24 horas depois para saber se está tudo bem.
- **se** eventualmente cria um blog com posts ocasionais para dar dicas práticas para a clientela; por exemplo, uma pequena

empresas de piscinas na Virginia tornou-se literalmente uma "melhor do mundo" seguindo essa estratégia de mídia social (veja adiante).

- **se** etc., etc...

Esse prestador de serviço não é uma mercadoria ou uma utilidade!!!

Chamo essa descomoditização e a busca incansável por excelência de... DEVPP/Distinção Extrema que Vale a Pena Pagar! (E, também, relacionado ao capítulo anterior: CDC-zação bombada.)

Isso também está no centro da criação de empregos em médio e longo prazo. Nosso eletricista-encanador com valor agregado vê a demanda subir via boca a boca, pelos elogios dos clientes. Quando se dá conta, o espetáculo de uma pessoa tem três pessoas, depois seis. Não são apenas novos empregos, mas novos empregos bons, considerando o compromisso do nosso eletricista-encanador com excelência e com o aprendizado constante de novas habilidades do ofício. Depois disso vem, digamos, a sociedade com a escola técnica local e a transformação de "tudo isso" em uma completa Melhoria Comunitária/Criação de Empregos/Não é só uma mercadoria. Etc.

Tarefa 37 Estude esses dois exemplos, a garagem e o encanador. Diferenciação maluca, inimaginável e legal pode acontecer... em qualquer lugar. Procure as operações de duas e seis pessoas que são superestrelas e têm excelentes recomendações. Venha comigo – o cara de *Vencendo a crise*, isso – em uma busca pessoal por EXCELÊNCIA que vai diferenciar você da multidão. (Bônus: é muito divertido ser de longe o melhor encanador/eletricista/alfaiate da cidade.)

Estratégia de valor agregado nº 5:

Serviços (de todos os tipos imagináveis) agregados

"Fazemos qualquer coisa por você."

De departamento como "centro de custo" para departamento como "empresa de prestação de serviço profissional" superstar agregador de valor.

10.38

Estratégia de valor agregado nº 5:
Serviços (de todos os tipos imagináveis) agregados
"Fazemos qualquer coisa por você"
De departamento como "centro de custo" para "empresa
de prestação de serviço profissional"

**Fabricantes de motor de aeronave se tornam
mestres de logística de sistemas**

> *"A Rolls-Royce hoje ganha mais com tarefas como gerenciamento das
> estratégias gerais de aquisição de clientes e manutenção dos motores
> aeroespaciais que vende do que os fabricando."*
> **THE ECONOMIST**, "To the Rescue: Britain's New Champions Are
> Bean-Counters and Powerpoint Artists"

**uPs para uPS/United Parcel Services
para United Problemas Solucionados**

> *"O novo malote da Big Brown:* UPS *pretende ser a Administradora de
> Tráfico para a América Corporativa"*
> Manchete da **BLOOMBERG BUSINESSWEEK**

> *"Tudo tem a ver com soluções. Falamos com os clientes sobre como ad-
> ministrar cadeias de suprimentos melhores, mais fortes e mais baratas.
> Temos mil engenheiros que trabalham com os clientes..."*
> **BOB STOFFEL**, executivo da UPS, em entrevista para a *Fortune*

"United Problemas Solucionados" é serviço identificado. A UPS agora
prospera, não mais jogando pacotes na varanda dos fundos, mas ad-
ministrando (e frequentemente assumindo) os sistemas de cadeia de
suprimentos de terceiros.

Tarefa 38A Para sobreviver no feroz e instável mercado de hoje, uma empresa ou organização de qualquer tipo precisa abrir as asas, buscar continuamente e encontrar novas maneiras de ajudar seus clientes. Entre outras coisas, isso pede um estado de EIC/Extrema Intimidade com o Cliente. Posto de maneira simples, a partir de hoje, dirija sua atenção para a compreensão dos negócios de seu cliente – e para a equipe do cliente, de cima a baixo – melhor que o próprio cliente! (O que exige muito tempo e esforço!) Fazer isso não é "uma boa ideia". É uma necessidade estratégica de vida ou morte.

Serviços agregados.
EPS-zação/De "centros de custo" para superastros agregadores de valor salva milhões de empregos.

Sou arrogante o bastante para acreditar que poderíamos ter salvado um milhão de empregos se as pessoas me ouvissem. Mas ainda não é tarde demais – na verdade, esta é a última chance, com o furacão da IA se aproximando da praia.

Um dos meus livros menos vendidos foi:

The Professional Service Firm50: Fifty Ways to Transform Your "Department" into a Professional Service Firm Whose Trademarks Are Passion and Innovation

O mal-amado "PSF50", como meus colegas e eu o chamamos, foi um longo clamor para transformar um "burocrático departamento-centro de custo", sempre à beira de ser terceirizado, em um inovador e primoroso Centro de Excelência (um cintilante PSF) que agrega valor incalculável à empresa controladora.

É assim que a história pode se desenvolver:

Tarefa 38B A subunidade do departamento de compras é focada em, digamos, aquisição de tecnologia e reencarnada como "Aquisição de Tecnologia Ltda.". A subunidade de catorze pessoas, ou "centro de custo", torna-se uma Empresa de Prestação de Serviço (ou EPS) embutida (pelo menos por enquanto) naquele departamento de compras de cinquenta pessoas em uma unidade de US$ 200 milhões, em uma corporação de, talvez, US$ 3 bilhões. Nosso "centro de custo" reencarnado, agora Aquisição de Tecnologia Ltda., busca ser "o melhor da espécie". Não o melhor "departamento" na divisão ou na empresa, mas a melhor organização de compras de tecnologia em, digamos, toda a área!

O "produto" da Aquisição de Tecnologia Ltda. (pacotes de serviços) exala Excelência e "Uau"! (Era isso que o livro EPS determinava.) Seu IP cresce loucamente e adquire renome! Aquisição de Tecnologia Ltda. agregaria imenso valor à corporação como um todo e também atrairia muito serviço externo.

Resumindo (quando o livro EPS foi escrito e ainda mais hoje): Um "departamento"/"centro de custo", pronto para ser terceirizado, torna-se uma parte de valor incalculável da proposta de valor da corporação controladora. (E, destaque-se, os empregos nesse departamento ficam onde estão... em casa. Talvez alguns daqueles milhões de empregos pudessem ter sido salvos, como sugeri com tanta arrogância!)

Tópico 11

Estratégia de valor agregado nº 6:

Uma ousada estratégia de mídia social

- A regra "20-5".
- Um tuíte > Um anúncio no Super Bowl.
- Você é sua estratégia de mídia social.

11.39

Estratégia de valor agregado nº 6:
Uma estratégia ousada de mídia social
A regra "20-5"
Um tuíte > Um anúncio no Super Bowl
Você é sua estratégia de mídia social

Nº 1: vinte anos pelo ralo em cinco minutos

"O que antes era 'boca a boca' agora é 'mouse a mouse'. Ou você está criando embaixadores da marca, ou terroristas da marca...

O cliente tem o controle completo da comunicação...

Clientes esperam informação, respostas, produtos, reações e resoluções antes que imediatamente.

Leva vinte anos para construir uma reputação, e cinco minutos para arruiná-la."

WARREN BUFFETT em "Warren Buffett's Boring, Brilliant Wisdom", de Brad Tuttle para a *Time*

Nº 2: Um tuíte > Um anúncio no Super Bowl

"Prefiro que nos engajamos em uma conversa no Twitter com um único cliente a ver nossa empresa tentar chamar a atenção de milhões em um cobiçado anúncio no Super Bowl. Por quê? Porque discutir sua marca diretamente com as pessoas, em uma conexão de um para um, é muito mais valioso – sem mencionar que é muito mais barato! Os consumidores querem discutir aquilo de que gostam, as empresas que apoiam, as organizações e os líderes contra os quais se ressentem. Eles querem uma comunidade. Querem ser ouvidos."

PETER ACETO, CEO da Tangerine, empresa canadense pioneira em serviços financeiros

Um tuíte > Um anúncio no Super Bowl. É uma declaração e tanto. Leia duas vezes.

(Para sua informação: fonte incontestável.)

Nº 3: Pequena companhia da Virginia/Potência global

"Hoje, apesar de sermos só uma pequena fabricante de piscinas na Virginia, temos o site especializado em piscinas com maior tráfego no mundo. Cinco anos atrás, se você me perguntasse... o que fazemos, a resposta teria sido simples: 'Construímos piscinas embutidas de fibra de vidro'. Agora dizemos: 'Somos os melhores professores do mundo sobre o tema piscinas de fibra de vidro, e também as construímos'."
MARCUS SHERIDAN, River Pools and Spas, em *Youtility*, de Jay Baer

Nota: Empresa pequena. Cidade pequena. Gigante do mundo. Mensagem: Uma oportunidade universal graças à mídia social. Entãããooo...

Nº 4: Mídia social/Todo mundo é "In the Brand"
Milhas (e milhas) além do "empoderamento"
Você é sua estratégia de mídia social

"As sete características do Funcionário Social:
1. *Engajado.*
2. *Espera integração pessoal e profissional.*
3. *Acredita na história da marca.*
4. *Colaborador nato.*
5. *Ouvinte.*
6. *Clientecêntrico.*
7. *Agente forte de mudança."*

CHERYL e **MARK BURGESS**, *The Social Employee: How Great Companies Make Social Media Work*

Mensagem: mídia social é assunto de todos. A "moral da história"? Você é sua estratégia de mídia social – goste disso ou não, ela define você. (E ainda não vimos nada.)

Tarefa 39A Atribua um "Score de Ousadia-Profundidade" às suas atividades de mídia social. Comece a trabalhar hoje, se esse score for qualquer coisa inferior a "UAU". (O que e quem é impactado por essa atribuição? TO-DO MUN-DO.)

Tarefa 39B Procura-se: um membro de equipe executiva cujo foco seja mídia social.

Tópico 12

Estratégias de valor agregado nº 7 e nº 8:

Mulheres compram TU-DO e profissionais de marketing (ainda) não entendem

"Velhos" têm TO-DO o dinheiro e profissionais de marketing (ainda) não entendem

12.40

Estratégia de valor agregado nº 7:
O gigantesco e mal atendido mercado feminino
de mais de US$ 28 trilhões

> *"Esqueça China, Índia e a internet: o crescimento econômico é conduzido pelas mulheres."*
> The Importance of Sex, **THE ECONOMIST**

> *"As mulheres agora dirigem a economia global. Elas controlam us$ 20 trilhões em gastos de consumo, e esse número pode subir para us$ 28 trilhões [em cinco anos]... No agregado, as mulheres representam um crescimento de mercado maior que a China e a Índia juntas – duas vezes maior que a China e a Índia juntas, na verdade..."*
> **MICHAEL SILVERSTEIN** e **KATE SAYRE**, "The Female Economy",
> *Harvard Business Review*

Minha tradução: M > 2x C+I = US$ 28 T. (Mercado das mulheres é mais que duas vezes [2x] maior que China + Índia e já chega a US$ 28 trilhões.)

> *"Mulheres são o mercado majoritário."*
> **FARA WARNER**, *The Power of the Purse*

Porcentagem das mulheres nas compras/EUA

- Decoração da casa... 94%.
- Férias... 92%.
- Casa... 91%.
- Eletrônicos... 51%.
- Carros... 68% (influência significativa na decisão de compra... 90%).
- *Todas as compras de uso pessoal... 83%.*

- Conta bancária, escolha de provedor... 89%.
- Decisões de investimento doméstico... 67%
- Empréstimos para pequenos negócios/Abertura de pequenos negócios... 70%.
- Plano de saúde (todos os aspectos da decisão)... 80%.
- Decisões sobre filantropia (mulheres doam 156% mais que os homens)... 90%.

VÁRIAS FONTES

E ainda: nos Estados Unidos, as mulheres ocupam mais de 50% das posições de gerenciamento, inclusive mais de 50% das posições de chefia de departamentos de compras. Consequentemente, as mulheres também tomam a maioria das decisões sobre compras comerciais.

Mulheres compram TU-DO. Mulhereconomia.

Some:
- Mulheres: nº 1 em compras pessoais.
- Mulheres: nº 1 em compras comerciais.

= Mulheres compram... **tudo**.

VÁRIAS FONTES

"Uma coisa é certa: a ascensão das mulheres ao poder, o que tem relação com o aumento da riqueza per capita, acontece em todas as áreas e em todos os níveis da sociedade... Isso é só o começo. O fenômeno só vai crescer na medida em que as meninas provam que são mais bem-sucedidas que os meninos no sistema de ensino. Para diversos observadores, já entramos na era da 'mulhereconomia', a economia pensada e praticada por uma mulher."

AUDE ZIESENISS DE THUIN, Fórum das Mulheres para a Economia e Sociedade, "Women Are Drivers of Global Growth", *Financial Times*

E... E... E...

"US$ 22 trilhões em bens passarão às mãos das mulheres até 2020."
THE STREET (2015: "$ 22 Trillion in Assets Will Shift to Women by 2020: Why Men Need to Watch Out." Para sua informação: aconteceu dentro do prazo.)

Leitura relacionada

- *Marketing to Women: How to Increase Your Share of the World's Largest Market*, de Marti Barletta
- *The Power of the Purse: How Smart Businesses Are Adapting to the World's Most Important Consumers: Women*, de Fara Warner
- *Por que elas compram*, de Bridget Brennan
- *O que as mulheres querem?*, de Paco Underhill
- *The Soccer Mom Myth: Today's Female Consumer, Who She Really Is, Why She Really Buys*, de Michele Miller e Holly Buchanan
- *Invisible Women: Data Bias in a World Designed for Men*, de Caroline Criado Perez

Tarefa 40 VÁ COM CALMA. Isso é extremamente importante. Não faça julgamentos precipitados. Valendo-se principalmente de pessoas alheias a seus círculos, faça uma avaliação minuciosa de sua orientação em relação ao mercado feminino. Os avaliadores devem ser majoritariamente ou exclusivamente... mulheres.

12.41

Dominando o mercado feminino
Você consegue passar no "teste do escrutínio"?

Um indicador de prontidão para agarrar essa colossal oportunidade do mercado feminino vem da condução do que chamo de "teste de escrutínio":

1. Olhe para uma fotografia da sua equipe executiva.
2. Estreite os olhos.
3. A composição do time é mais ou menos parecida com a composição do mercado que você pretende atender? Por exemplo, se as mulheres compram 70% dos seus produtos e serviços (compras pessoais e/ou comerciais), esse escrutínio revela uma equipe de liderança formada por uma grande proporção de mulheres, pelo menos 50/50? Se não, por que não?

Há muitas razões para ter uma cota robusta de mulheres em cargos elevados. Justiça social é uma delas. O fato de pesquisas demonstrarem de maneira consistente que as mulheres são líderes melhores é outra (ver Tarefa nº 1.5). Mas, neste caso, estou sugerindo simplesmente – por motivos de consciência e crescimento de mercado e lucratividade – que, na minha opinião, o verdadeiro equilíbrio de gênero (ou liderança com maioria feminina, isto é, mais que 50% delas em cargos de chefia), coerente com realidades potenciais ou atuais de mercado, faz sentido economicamente.

(Para sua informação: há um estádio cheio de pesquisas sobre o mau entendimento dos homens sobre o mercado feminino, de design a marketing e distribuição. Por exemplo, os homens, com algumas exceções, não conseguem projetar de forma eficiente para atender às preferências das mulheres. E admito que gosto muito da tempestade de fogo que provoco quando faço esse comentário em uma palestra.)

Tarefa 41 Você consegue passar no teste do escrutínio? Não? Comece a trabalhar – hoje – para tirar uma nota mais alta e ser aprovado. Seja rápido. Sem desculpas. (Que possíveis desculpas poderia haver?)

Nota de encerramento e pergunta

Tarefa nº 1.5: mulheres são as melhores líderes, negociadoras, vendedoras e investidoras. Tarefas nº 40 e nº 41: mulheres compram... tudo. Em termos simples, sua organização é alinhada com esses dois conjuntos de descobertas? Eficiência da empresa e desempenho de mercado e, me atrevo a dizer, Excelência dependem de sua resposta à pergunta feita imediatamente acima.

12.42

Estratégia de valor agregado nº 8:
O gigantesco e mal atendido mercado dos "velhos"
"Velhos" têm todo o dinheiro/Como os profissionais de
marketing podem ser TÃO sem noção?

> *"'Age Power' vai dominar o século XXI, e estamos terrivelmente despreparados."*
> **KEN DYCHTWALD**, *Age Power: How the 21st Century Will Be Ruled by the New Old*

> *"A nova maioria de consumidores, com idades entre 44 e 65 anos, é o único mercado adulto com perspectivas reais de crescimento significativo de vendas em dezenas de linhas de produtos para milhares de empresas."*
> **DAVID WOLFE** e **ROBERT SNYDER**, *Ageless Marketing: Strategies for Reaching the Hearts and Minds of the New Customer Majority*

50@50

> *"As pessoas que fazem 50 hoje em dia têm metade da vida adulta pela frente."*
> **BILL NOVELLI**, ex-CEO da AARP, *50+: Igniting a Revolution to Reinvent America*

Por exemplo...

> *"O lar americano mediano compra treze carros novos ao longo de sua existência, sete deles depois que o chefe da família completa cinquenta anos."*
> **BILL NOVELLI**, *50+: Igniting a Revolution to Reinvent America*

Essa é "uma daquelas" estatísticas que focam muitas coisas com poucas palavras: *apenas na metade aos 50*. (Pessoal de marketing – é bom prestar atenção, seus idiotas [desculpem].)

> *"Lares chefiados por alguém de quarenta anos ou mais representam 91% da rede de valor da nossa população... O mercado maduro é o mercado dominante na economia dos Estados Unidos, representando a maioria dos gastos em praticamente todas as categorias."*
> **CAROL MORGAN** e **DORAN LEVY**, *Marketing to the Mindset of Boomers and Their Elders*

55-64 *versus* 25-34

- Carros e caminhões novos: a faixa de 55-64 gasta 20% mais que a de 25-34.
- Refeições em restaurantes com serviço completo: +29%.
- Passagens aéreas: +38%.
- Equipamento esportivo: +58%.
- Veículos motorizados recreativos: +103%.
- Vinho: +113%.
- Manutenção, reparos e seguros para a casa: +127%.
- Casas de veraneio: +258%.
- Serviços de manutenção doméstica e externa: +250%.

MARTI BARLETTA, *PrimeTime Women*

> *"Cinquenta e quatro anos de idade tem sido o ponto de corte mais alto para qualquer iniciativa de mercado em que já estive envolvida. O que é bem estranho, quando se considera que cinquenta é a idade em que as pessoas que trabalharam a vida toda começam a ter algum dinheiro para gastar. E tempo para gastá-lo...*
>
> *"Pessoas mais velhas têm um problema de imagem. Somos culturalmente condicionados para a juventude... Quando pensamos em juventude, pensamos em 'vigoroso e colorido'; quando pensamos em meia-idade ou idade 'madura', pensamos em 'cansado e entediado', e quando pensamos em 'velho' ou 'idoso', pensamos ou em 'exausto*

e grisalho' ou, mais provavelmente, não pensamos. Os números da economia são absolutamente irrefutáveis – o mercado maduro tem o dinheiro. Mas os publicitários permanecem surpreendentemente indiferentes a ele."
MARTI BARLETTA, *PrimeTime Women*

"As tentativas dos profissionais de marketing para alcançar indivíduos com mais de cinquenta anos têm sido fracassadas. Não há motivações e necessidades de mercado mais mal compreendidas."
PETER FRANCESE, publisher da *American Demographics,* em uma palestra em 1992

(Releia!)

"Os velhos não 'têm um dinheiro'. Nós temos TODO o dinheiro."
TOM PETERS

Para sua informação: "Os velhos têm todo o dinheiro" nem sequer é exagero.

1. Temos (mais ou menos) todo o dinheiro.
2. Temos tempo de sobra para gastá-lo.
3. E, de maneira geral, financiamento da casa e estudos já foram pagos.
4. Temos o Santo Graal: renda para gastar como quisermos.

Tarefa 42A A análise é incompleta. Por exemplo, o que é desenvolvimento eficiente de produto e marketing para os mais velhos? Para começar, lembre-se do comentário na seção anterior sobre os homens não serem capazes de projetar para as mulheres. Em relação a esta seção: é isto! De maneira geral, "jovens" não podem projetar com eficiência para "velhos". Nem comercializar efetivamente para os velhos. Etc. De maneira simples, para tirar proveito dessa enorme oportunidade, é necessário o realinhamento estratégico da empresa, de cima para baixo.

Tarefa 42B Em relação à idade e à representação, faça o "teste do escrutínio" discutido na Tarefa 41 com seu grupo de desenvolvimento de marketing e produto – desta vez o teste decisivo é a idade.

12.43

Últimas palavras:
Estratégias de valor agregado nº 7 e nº 8:
Megaoportunidades perdidas
Estupidez˙ estratégica grosseira
(*Palavra forte... cuidadosamente escolhida)

Uma pesquisa recente (2019) revelou que os homens são muito mais representados nas posições de liderança de serviços financeiros. Mas as mulheres têm parte fundamental nas decisões financeiras. E são investidoras mais bem-sucedidas que os homens.

De maneira semelhante, falamos sem parar sobre tendências millennial e continuamos ignorando o "mercado idoso", como o chamamos. Por exemplo, os idosos compram 50% dos bens e serviços, mas são alvo de apenas 10% de gastos em marketing.

A grandiosidade das oportunidades desses dois mercados, que venho estudando e classificando há cerca de vinte anos – e a resposta lastimável das empresas em geral –, é um dos maiores mistérios profissionais para mim.

> **Tarefa 43A** Releia essas duas seções. Se ficar convencido – como poderia não ficar? –, o que vai fazer hoje para iniciar o processo de análise de onde está e aonde poderia chegar? Ponha esse tópico em todas as agendas. Agora.

Tarefa 43B Lembre-se do "teste do escrutínio". Agora, vamos ao *verdadeiro* "teste do escrutínio". Olhe para uma foto da equipe executiva. A equipe de marketing. A equipe de desenvolvimento de produto. A equipe do departamento pessoal. A equipe de compras. Todos nessas fotos têm alguma semelhança com o mercado atendido? Por exemplo: mulheres. Negros. Hispânicos. Idosos. Brancos. Outros. Se você ocupa uma posição sênior ("sênior" significando não apenas a CEO e COO, mas também as duas camadas superiores da administração, pelo menos), dê a si mesmo um ano para fazer a Mudança Estratégica. Doze meses depois, repita o teste de escrutínio. Espera-se que os resultados sejam radicalmente diferentes. Nota: isso vale tanto para uma operação de 25 pessoas quanto para uma operação de doze pessoas e talvez até mais para as Grandes.

(Provavelmente, essa não é uma "prioridade estratégica". Essa é A prioridade estratégica.)

12.44

Resumo: Oito estratégias de valor agregado

ESTRATÉGIA DE VALOR AGREGADO Nº 1 Primazia do design/Humanismo Extremo/Design como alma/Design é quem somos/Um espelho do tamanho de um band-aid.

ESTRATÉGIA DE VALOR AGREGADO Nº 2 CDCs/Coisas que Deram Certo. Experiências emocionalmente envolventes. Experiências que pegam. Grande > pequeno.

ESTRATÉGIA DE VALOR AGREGADO Nº 3 Foco na "renda bruta". Melhor antes do mais barato. Renda antes do custo. Não há outras regras.

ESTRATÉGIA DE VALOR AGREGADO Nº 4 Não é necessário existir essa coisa de mercadoria. "Ícone cultural." Encanador como artista.

ESTRATÉGIA DE VALOR AGREGADO Nº 5 Serviços agregados. "Faremos qualquer coisa e tudo por você."

ESTRATÉGIA DE VALOR AGREGADO Nº 6 Uma ousada estratégia de mídia social/A regra "20-5". Um tuíte > Um anúncio no Super Bowl. Você é sua estratégia de mídia social.

ESTRATÉGIA DE VALOR AGREGADO Nº 7 Mulheres compram tudo. O gigantesco (+ US$28 trilhões) e mal atendido mercado feminino.

ESTRATÉGIA DE VALOR AGREGADO Nº 8 Os idosos têm todo o dinheiro. O gigantesco e muito mal atendido mercado dos "idosos". (Como os profissionais de marketing podem ser tão sem noção?)

QTFMCV/Quem Tentar Fazer Mais Coisas (E Estragar Mais Coisas Mais Depressa) Vence

- **Jogar com seriedade.**
- **A essência da inovação.**
- **Errar. Avançar. Depressa.**
- **Diversidade atropela habilidade.**
- **Aprenda a não ser cuidadoso.**

13.45

Inovação nº 1:
QTFMCV/Quem Tentar Fazer Mais Coisas Vence

O QTFMCV é o alfa e o ômega da inovação. Parece simples, especialmente diante da importância duradoura da inovação hoje em dia. Minha resposta é que declarar o QTFMCV como peça fundamental e alicerce da inovação é produto de muito pensamento e observação, muito estudo e experimentação durante um período de quatro décadas.

O QTFMCV foi, de fato, o ponteiro orientado entre os "Oito Fundamentos" em torno dos quais *Vencendo a crise* foi organizado. Ponto nº 1: "Uma propensão para a ação".

Falamos, apropriadamente, embora de maneira excessiva, sobre "perturbação". Certamente, isso se refere a ações que "explodem a empresa"? Talvez, mas minha opinião é a de que a principal maneira de lidar com a perturbação é uma equipe de inovadores 100% (100% = 100%!) desenvolvidos e sérios, que estejam comprometidos com o dogma do QTFMCV todos os dias. (Veja a discussão adiante sobre "jogar sério".)

QTFMCV/P.F.A.

"Preparar. Fogo. Apontar."
ROSS PEROT, fundador da Electronic Data Systems, sobre sua pioneira e muito bem-sucedida estratégia empresarial. (Perot vendeu a EDS para a GM. Depois disse que a EDS vivia de "Preparar. Fogo. Apontar". A GM vivia de "Preparar. Apontar. Apontar. Apontar...")

QTFMCV/Estratégia da Southwest Airlines

"Temos uma estratégia na Southwest. O nome é 'fazer coisas'."
HERB KELLEHER, fundador da Southwest Airlines

Deus o abençoe, Herb. O falecido sr. Kelleher foi um bom amigo; "falou e agiu de acordo" é um tremendo eufemismo!

QTFMCV/Bloomberg

> *"Cometemos erros, é claro. Muitos foram omissões em que não pensamos quando desenvolvemos o software. Nós os reparamos fazendo de novo e de novo, de novo e de novo. Fazemos a mesma coisa hoje. Enquanto a concorrência continua chupando o dedo e tentando criar o design perfeito, nós já estamos no protótipo nº 5. Quando nossos concorrentes estiverem prontos com fios e parafusos, nós estaremos na versão nº 10. Isso nos leva de volta a planejamento versus ação: agimos desde o primeiro dia; outros planejam como planejar... durante meses."*
> **MICHAEL BLOOMBERG**, *Bloomberg by Bloomberg*

QTFMCV/Só faça as coisas

> *"'Quero ser fotógrafo.'*
> *Tire uma tonelada de fotos. Comece um blog de fotografias.*
> *Organize uma exposição de arte com seus melhores trabalhos.*
> *FAÇA COISAS.*
> *'Quero ser escritor.'*
> *Escreva uma tonelada de obras. Estabeleça uma voz na mídia social.*
> *Comece um blog. Escreva posts como convidado para os amigos.*
> *FAÇA COISAS.*
> *'Falar é fácil.'*
> *SIMPLESMENTE FAÇA AS COISAS."*
> **REID SCHILPEROORT**, estrategista de marca, sobre "o único conselho" que o ajudou a superar bloqueios criativos.

Mais uma vez, receio que me acusem de ser "simplista". E, mais uma vez, resisto. Cala a boca e tira a bunda da cadeira. Faça coisas. Faça alguma coisa. Faça qualquer coisa. Agora. Agora = Agora. (Para sua informação: isso é... pessoal. Nunca tive nada que sequer se aproximasse de um plano. Ou um grande objetivo. Só sigo em frente, e "a coisa grandiosa" se inventa ao longo do caminho!)

> **Tarefa 45** Essa ideia é simples. A *execução* não tem nada de simples. Isto é, o QTFMCV tem a ver com uma atitude abrangente de "tente/tente alguma coisa/tente qualquer coisa/tente agora". Não é menos que um estilo de vida. E um estilo de vida que é confuso e não linear, o oposto do habitual "seguir a regra", "seguir o pelo plano", "consiga aprovações apropriadas".

A primeira questão é: você aceita a hipótese do QTFMCV como motor de inovação para imediata ação de todos? Se está propenso a isso, então crie uma imagem mental de um ambiente que inclua "todos"/"tente". O que significaria para você, por exemplo, em suas interações regulares ao longo de um dia? Você (chefe) e eu temos uma troca virtual direta, e, depois de tratarmos de um ou dois assuntos formais, eu pergunto: "Em que coisa nova e legal você está trabalhando, e o que posso oferecer para ajudar?". Isso pode parecer meio emocional demais, e é. Mas o ponto é estabelecer uma expectativa de que todo mundo esteja constantemente tentando colaborar com alguma coisa em tudo que todos estejam fazendo. "Bom, Max, sabe aquele novo relatório financeiro semanal em que estamos trabalhando? Estamos testando algumas abordagens novas para reduzir o tempo de preparação pela metade. Por exemplo..." E assim por diante. Trocas como essa, que ocorrem naturalmente várias vezes ao dia. E, repito, com todo mundo, todos os cargos, todos os níveis de chefia, todos os departamentos.

Coisa borbulhando.

("Coisa" é a palavra certa. Alguma coisa. Qualquer coisa.)

O tempo todo.

Todo mundo.

Em todos os lugares.

13.46

Inovação:
O imperativo insanamente importante da falha rápida
QTFMCV (EEMCMD) **V/**
Quem Tentar Fazer Mais Coisas
(E Estragar Mais Coisas Mais Depressa) **Vence**

"Erre mais depressa. Tenha sucesso mais cedo."
DAVID KELLEY, fundador da IDEO

"Erre. Antes. Depressa."
CEO de uma High-tech na Filadélfia

"Tente de novo. Erre de novo. Erre melhor."
SAMUEL BECKETT

"Recompense excelentes erros. Puna sucessos medíocres."
Um executivo australiano me disse em um evento em Sydney, ao estabelecer "as seis palavras que sustentaram meu sucesso". (Definitivamente, está na minha lista de "Dez melhores citações). E deve ser levada a sério literalmente, isto é, "Recompensa... Punição...")

"Nas empresas, você recompensa as pessoas por correrem riscos. Quando isso não funciona, você as promove – porque elas se dispuseram a tentar coisas novas. Se as pessoas me dizem que esquiaram o dia todo e não caíram, digo a elas para experimentarem uma montanha diferente."
MICHAEL BLOOMBERG, *Bloomberg Businessweek*

"O que realmente importa é que as empresas que não continuam experimentando – que não acolhem o erro – acabam se vendo em uma posição desesperada, na qual a única coisa que podem fazer é tentar aquele chutão de longe no fim do jogo."
JEFF BEZOS

"Não é suficiente 'tolerar' o erro – você precisa 'celebrar' o erro."
RICHARD FARSON

Erros:

- Recompense!
- Promova!
- Acolha!
- Celebre!
- Quanto mais, melhor!
- Quanto antes, melhor!

Tarefa 46 Presumindo que esteja convencido, discuta ampla e demoradamente com seus colegas, preservando a linguagem forte adotada acima (por exemplo, "acolher", "celebrar", "promover"). Imagine medidas para instituir uma cultura de recompensa para erros rápidos. Esse é um trabalho duro, pois, via de regra, é contrário à prática-padrão da organização.

A equipe de liderança precisa acreditar – cabeça, coração e alma – no poder dos erros rápidos. E essa crença precisa ser embutida na Cultura Corporativa. E deve ser "implementada" (reforçada) todos os dias, literalmente.

13.47

Inovação: Um mandamento cultural
Todo mundo envolvido em um "jogo sério"

> *"Você não pode ser um inovador sério a menos e até que esteja pronto,
> disponível e capaz para jogar sério. 'Jogar sério' não é um oxímoro; é
> a essência da inovação."*
> **MICHAEL SCHRAGE,** *Jogando pra valer: Como as empresas utilizam
> simulações para inovar*

Pense com atenção na ideia de "jogar sério". E em uma vida de jogo sério. A questão, que é, de fato, um/o principal requisito do QTFMCV, é cultural: "Como vivemos aqui o tempo todo, 24 horas por dia, 7 dias por semana?". Eu acrescentaria que é diferente de coisas como "aperfeiçoamento contínuo" e "ágil". É mais desconstraído, mais inclusivo (repito, 100% dos empregados), menos regulamentado – é, hum… *jogar sério*. Vale realmente a leitura de um livro "imperdível" de um pensador-pesquisador que é um superstar da inovação.

Quer QTFMCV?
Precursor nº 1: Cultura do todo mundo jogando sério.

Tarefa 47 Domine.

1. QTFMCV/FAÇA COISAS.
2. Recompensar e celebrar erros – quanto mais depressa, melhor.
3. Jogo sério = Nós.

13.48

Inovação: Você perde 100% das tentativas que nunca fez

"Você perde 100% das tentativas que nunca fez."
WAYNE GRETZKY

SIM!!!!! Sem dúvida, faz parte da minha lista de "Cinco melhores citações". Nº 1?

Inovação/QTFMCV/Até J. S. Bach!

"A diferença entre Bach e seus pares esquecidos não é necessariamente ele ter uma proporção melhor de erros e acertos. A diferença é que o medíocre pode ter uma dezena de ideias, enquanto Bach, em toda sua vida, criou mais de mil composições musicais completas. Um gênio é um gênio, afirma o psicólogo Paul Simonton, porque ele consegue reunir um número assombroso de insights, ideias, teorias, observações aleatórias e conexões inesperadas que ele quase inevitavelmente termina transformando em algo grande. 'Qualidade', escreve Simonton, 'é uma função probabilística de quantidade.'"
MALCOLM GLADWELL, "Creation Myth", *The New Yorker*

Lição: "Qualidade é uma função probabilística de quantidade" = **QTFMCV**

> **Tarefa 48** Pondere: QTFMCV/Até Bach. Não se esconder: isso é profundamente "cultural". Por isso a implementação é um trabalho duro, de persistência, sempre uma "obra em andamento".

13.49

Inovação nº 2:
A estratégia de "andar com o esquisito"

"Dificilmente seja possível superestimar o valor de colocar seres humanos em contato com pessoas diferentes e com modos de pensamento e ação distintos daqueles com os quais estão familiarizados. Essa comunicação sempre foi, e é peculiarmente no presente, uma das principais fontes de progresso."
JOHN STUART MILL, 1806-1873, *Princípios da economia política*

"A única viagem real consiste não em procurar novas paisagens, mas em ter novos olhos; em ver o universo pelos olhos de outro, cem outros – em ver os cem universos que cada um vê."
MARCEL PROUST, *A prisioneira*

A segunda das cinco Grandes Ideias na minha visão de inovação: diversidade. E diversidade no sentido puro da palavra – exposição planejada, constante, a diferenças significativas em qualquer uma e todas as dimensões imagináveis.

"Você vai ficar parecido com as cinco pessoas com quem mais convive – isso pode ser uma bênção ou uma maldição."
BILLY COX, guru de treinamento em vendas

"Ótima citação", você diz (espero). Muito bem: mas pare e pense, por favor. Isso é muito verdadeiro, muito importante. Uma questão "estratégica" de primeira ordem. Todos temos a tendência inconsciente (e se não for enfrentada de maneira consciente e constante) para o "sempre igual". O que é uma prática muito ruim, até desastrosa, nos anos tumultuados que temos pela frente, o século XXI.

> **Tarefa 49A** Por favor, faça uma avalição crítica e dura da diversidade daquelas cinco pessoas!

Nós somos o que comemos.
Somos as pessoas com quem andamos.

MANTRA Ande com os "estranhos", e se tornará estranho. Ande com os "sem graça"/"igual para igual", e se tornará mais sem graça. Ponto-final.

Em tempos malucos, o contato contínuo com muitos "outros" diferentes é, sim, novamente, uma necessidade estratégica – e só acontece como um subproduto de trabalho (1) atento, (2) duro, (3) meticuloso. Aliás, nosso padrão é, de fato e invariavelmente, o "igual para igual".

> *"Quem é a pessoa mais interessante que você conheceu nos últimos noventa dias? Como entro em contato com ela?"*
> **FRED SMITH,** fundador da FedEx me perguntou

Ai! Fred me fez essa pergunta quando estávamos sentados na Sala Verde, esperando uma entrevista com a CNN. E eu, supostamente à frente no assunto, não tinha uma boa resposta. Essa é uma fonte de contínuo constrangimento – 25 anos depois.

Tarefa 49B E sua resposta é???

Diversidade (por si) supera habilidade

> *"Grupos diversos de solucionadores de problemas – grupos de pessoas com diferentes históricos – superaram de maneira consistente o desempenho de grupos dos melhores e dos mais brilhantes. Se eu formasse dois grupos, um aleatório (e diverso, portanto) e um dos melhores desempenhos individuais, o primeiro grupo quase sempre se sairia melhor... Diversidade supera habilidade."*
> **SCOTT PAGE,** *The Difference: How the Power of Diversity Creates Better Groups, Firms, Schools, and Societies*

Leia o livro de Scott Page.

Assimile.

É surpreendentemente poderoso!

(Repito: diversidade por si só supera "o melhor e o mais brilhante"!)

> **Tarefa 49C** A conclusão aqui apresentada deveria informar praticamente toda reunião na organização. Meu argumento: esteja muito atento à diversidade em relação à tomada de decisões!

Ande com os estranhos/Próximos passos

Perseguir a diversidade é... estratégico. E diz respeito a toda a empresa. Deve ser um fator importante em, por exemplo:

- Decisões sobre contratações.
- Avaliações.
- Decisões sobre promoções.
- Escolha de representantes de vendas.
- Gerenciamento de tempo!!! (O que é a "classificação de esquisitice" da semana passada baseada em uma avaliação dia a dia da sua agenda?)
- Almoço real ou virtual. (220 almoços de trabalho por ano. Uma relação das últimas dez pessoas com quem você almoçou personifica a diversidade/"ande com os estranhos"?)
- Comparecimento a reuniões. (Existem pessoas "inesperadas" em qualquer reunião, representando pontos de vista divergentes?)

> **Tarefa 49D** Faça avaliações intransigentes de diversidade em relação a essas variáveis!

O gargalo é no topo da garrafa

"O gargalo é no topo da garrafa... Onde você provavelmente vai encontrar pessoas com a menor experiência com diversidade, o maior investimento no passado e a maior reverência pelo dogma da indústria? No topo."
GARY HAMEL, "Strategy as Revolution", *Harvard Business Review*

Ah, tão comum.
Ah, tão verdadeiro.
Ah, tão estrategicamente dispendioso.

Exemplo de Conselho de Diretores composto por dez pessoas adequado aos tempos atuais

- Pelo menos dois membros com menos de trinta anos. (Os jovens devem ser atendidos/nos guiar da melhor maneira atualmente. Isso é raro!)
- Pelo menos quatro (ou cinco? Ou seis?) mulheres. (Conselhos com equilíbrio entre mulheres e homens levam a um desempenho muito elevado em relação aos números. Ver Tarefa 1.5.)
- Um TI/big data superstar. (Não um "representante de TI", mas uma deusa ou um deus diplomado no nível de Salesforce ou Google.)
- Um ou dois empreendedores e talvez um CR. (O toque empreendedor deve se infiltrar diretamente no conselho.)
- Uma pessoa de estatura com um histórico "excêntrico": artista, músico, xamã etc. (Precisamos de desafios inusitados, incômodos, regulares.)
- Um "guru do design" certificado. (A presença notável do design no nível do conselho é simplesmente indispensável no meu esquema de coisas!)
- Não mais que um ou dois acima dos sessenta. (Há muitos conselhos envelhecidos!)

- Não mais que três com MBA*. (Por quê? A necessidade de ir além do modelo MBA-previsível-linear-analítico-superquantificado-certificado-baunilha.)

Inspirado em **GARY HAMEL**

(*Ao longo deste livro, tenho sido implacável nas críticas aos MBAs. É claro, eu tenho um de Stanford, inclusive. [Eu me considero um "engenheiro MBA em recuperação".] Meu argumento, como você já deve ter deduzido há muito tempo, é que os programas de MBA, praticamente sem exceção, focam o "hard stuff" [que, é claro, eu chamo de "fácil"] e menosprezam o "soft stuff" [que eu chamo de realmente "difícil"]. É claro que existem exceções entre os alunos de MBA. E também, é claro, um dos meus objetivos é ajudar os MBAs no reequilíbrio no sentido do, para destacar o título deste livro... Humanismo Extremo. Finalmente, acrescento que minha crítica à ausência de "coisas humanas" vale, sem dúvida, para todas as escolas profissionalizantes – administração, engenharia e medicina em particular.)

Tarefa 49E Como é a formação de seu conselho (ou grupo de conselheiros)?

13.50

Inovação nº 3:
O poder/A necessidade de desconforto

"Não fico confortável, a menos que haja desconforto."
JAY CHIAT, lenda da propaganda, fundador da Chiat/Day

"Você precisa aprender a não ser cuidadoso."
Fotógrafa **DIANE ARBUS** para seus alunos

"Se as coisas parecem estar sob controle, você simplesmente não está indo rápido o bastante."
MARIO ANDRETTI, piloto de corrida

"Faça todos os dias uma coisa que o amedronta."
MARY SCHMICH, jornalista ganhadora do Prêmio Pulitzer

Tarefa 50 Adote o conselho de Mary Schmich literalmente – e ponha-o em prática! E: é muito mais fácil falar do que fazer! (De maneira mais geral, não corra com base nessas citações. Considere-as orientações duras para ações diárias.)

13.51

Inovação nº 4:
Evite moderação/O poder da "loucura"

"Somos loucos. Só devíamos fazer alguma coisa quando as pessoas disserem que é 'loucura'. Se as pessoas dizem que alguma coisa é 'boa', isso significa que já tem alguém fazendo."
HAJIME MITARAI, ex-CEO da Canon

Credo de Kevin Roberts:

1. Preparar. Fogo! Apontar.
2. Se não está quebrado... quebre!
3. Contrate malucos.
4. Faça perguntas idiotas.
5. Corra atrás do erro.
6. Lidere, obedeça... ou saia do caminho!
7. Espalhe a confusão.
8. Desista do seu escritório.
9. Leia coisas esquisitas.
10. Evite moderação!

KEVIN ROBERTS foi CEO da Saatchi & Saatchi Worldwide entre 1997 e 2016. (Seu livro *Lovemarks* está na minha lista breve de "melhores livros de administração de todos os tempos".)

"Todo projeto a que nos dedicamos começa com a mesma pergunta: 'Como podemos fazer o que nunca foi feito antes?'"
STUART HORNERY em "The Company Without Limits", *Fast Company*

"Vamos erguer um edifício que faça as próximas gerações nos chamarem de lunáticos."
Construtores do século XIV sobre a catedral de Sevilha

"Todos concordamos sobre sua teoria ser louca. A pergunta que nos divide é se ela é maluca o bastante para ter uma chance de estar certa."
NIELS BOHR para Wolfgang Pauli

"O homem sensato adapta-se ao mundo: o insensato insiste em tentar adaptar o mundo a ele. Portanto, todo progresso depende do homem insensato."
GEORGE BERNARD SHAW, *Man and Superman: The Revolutionists' Handbook*

"'É inútil tentar', disse Alice. 'Não se pode acreditar em coisas impossíveis.' 'Ouso dizer que você não praticou muito', disse a Rainha. 'Quando eu tinha a sua idade, sempre treinava meia hora por dia. Ora, às vezes acreditava em até seis coisas impossíveis antes do café da manhã.'"
LEWIS CARROLL

Tarefa 51 Transforme essas citações em "diretrizes" para, digamos, todos os projetos em que estiver trabalhando, grandes ou pequenos. Por exemplo, classifique todo projeto em relação à "loucura" usando uma escala de 1 a 10. Preocupe-se se não tiver a maioria das notas acima de 6.

13.52

Inovação nº 5:
Um grito do coração por criatividade além de 2020
Um legado, alimente-o e mantenha-o vivo

"Criatividade humana é o maior recurso econômico."
RICHARD FLORIDA

"Toda criança nasce artista. O complicado é continuar artista."
PABLO PICASSO

"Quantos artistas há na sala? Levantem a mão, por favor. Primeiro ano: as crianças pulam da cadeira em massa balançando os braços. Toda criança era artista. Segundo ano: cerca de metade das crianças levanta a mão na altura do ombro, não mais que isso. As mãos não se movem. Terceiro ano: na melhor das hipóteses, dez de trinta crianças levantam a mão hesitantes, constrangidas. Quando cheguei ao sexto ano, só uma ou duas crianças levantaram as mãos, e muito lentamente, traindo o medo de serem identificadas pelo grupo como um 'artista no armário'. O ponto é: toda escola que visitei participava da supressão sistemática do gênio criativo."
GORDON MACKENZIE, *Orbiting the Giant Hairball: A Corporate Fool's Guide to Surviving with Grace.*

"Minha esposa e eu fomos à reunião de pais e filhos [jardim de infância] e fomos informados de que nosso artista de refrigerador em desenvolvimento, Christopher, teria uma nota baixa em artes. Ficamos chocados. Como qualquer criança – em especial nosso filho – podia receber uma nota baixa em artes com tão pouca idade? A professora dele nos informou que ele se recusava a pintar dentro das linhas, e isso era um requisito básico para demonstrar 'habilidades motoras próprias do ano escolar'."
JORDAN AYAN, *AHA! 10 maneiras de libertar seu espírito criativo*

"Thomas Stanley não só não encontrou nenhuma correlação entre sucesso na escola e a capacidade de acumular riqueza, como encontrou uma correlação negativa... 'Parece que as avaliações escolares são preditores ruins de sucesso econômico', Stanley concluiu... O que previa sucesso era a disposição para assumir riscos... Mas os padrões de sucesso-fracasso da maioria das escolas penalizava os que se arriscavam... Muitos sistemas educacionais recompensam aqueles que escolhem o jogo seguro. O resultado é que aqueles que se saem bem na escola encontram dificuldade para correr riscos posteriormente." **RICHARD FARSON** & **RALPH KEYES**, *Whoever Makes the Most Mistakes Wins*

Aaaahhh...

> **Tarefa 52A** Tudo bem, "aaahhh" não é muito operacional. Então, deixo para você a opção de abordar essa questão relativa às escolas, em particular, com o que se sentir mais direta ou indiretamente associado. Devo dizer, considerando a megamudança social e tecnológica que está a caminho, que essa é uma questão de suprema e urgente importância.

> **Tarefa 52B** Isso certamente vale para escolas em longo prazo. Mas, caramba, garanta também que seu mundo profissional seja um Exemplo de Criatividade – envolvendo 100% dos empregados e terceirizados. E eu o incentivaria a fazer da criatividade – por si só – parte do critério de contratação para todas as vagas e para 100% das decisões sobre promoção. (Na Era da IA: Criatividade = Sobrevivência. Relacionado: retome a discussão sobre Humanismo Extremo.)

Liderar com compaixão e cuidado

- **Você precisa se importar.**
- **GAPA/Gerenciar Andando Por Aí.**
- **GEPZ/Gerenciar Encontrando Pelo Zoom.**
- **GAPA/GEPZ: Atividade do líder nº 1.**
- **Reconhecimento: A Palavra Mais Poderosa.**
- **Sou um distribuidor de entusiasmo.**
- **Ouvir: Valor Essencial nº 1.**
- **Gentileza é de graça.**
- **Ler. Ler. Ler.**

A seção de liderança neste livro é tática, não estratégica. Não tem "visão". Não tem "autenticidade". Não tem "perturbação". Só... "COISAS". Isto é, 21 táticas de funcionamento garantido. "Garantido" é um termo exagerado, mas cada sugestão aqui teve seu funcionamento demonstrado. Muitas, muitas... e muitas... e mais vezes.

Meu objetivo é que você jogue. Isto é, selecione ideias. Experimente uma ou duas. Comece, hum... hoje! (Dito isso, a primeira Tarefa, nº 53, explica o alicerce para todas essas táticas de liderança: você precisa se importar.)

É com você...

14.53

Alicerce da liderança: "Importismo"
Você precisa se importar

> *"O único conselho que vai contribuir para fazer de você um líder melhor, proporcionar a você mais felicidade e fazer sua carreira avançar mais que qualquer outro conselho... e não requer nenhuma personalidade especial ou química específica... e qualquer um pode pôr em prática é este: você precisa se importar."*
> **GENERAL MELVIN ZAIS,** em palestra para o U.S. Army War College para oficiais sêniores (uma vez fiz a Forrestal Lecture na U.S. Naval Academy – e distribuí 4 mil cópias da palestra de Zais gravada em CDs com essa citação do "precisa se importar". Achei que era importante o bastante para isso.)

Alicerce: todas essas "táticas garantidas" de liderança são bobagens e uma completa e absoluta perda de tempo, a menos que o líder ou aspirante a líder realmente (Realmente! Realmente! Sem enrolação, sem "se ou mas"!) se importe com as pessoas.

Importismo = Você precisa se importar = *Sine qua non.*

(Lembrete: isso é precisamente o que foi sugerido [e ordenado, na verdade] em nossas discussões anteriores sobre contratar e promover. Você quer importismo? Contrate para isso. Você quer importismo? Promova para isso.)

14.54

GAPA/Gerenciar Andando Por Aí/ O farol de *Vencendo a crise*

"Uma pessoa pode fingir que se importa, mas não pode fingir que está ali."
TEXAS BIX BENDER, *Don't Squat With Your Spurs On: A Cowboy's Guide to Life*

GAPA/Gerenciar Andando Por Aí.
cortesia da **HEWLETT-PACKARD**

GAPA foi a força motriz para *Vencendo a crise*; isto é, líderes empresariais não distraídos por abstrações representadas em um plano estratégico ou finanças volumosas. Em vez disso, líderes empresariais como pessoas de verdade, no campo, em contato próximo com o mundo real e com aqueles que fazem o trabalho de verdade.

Era 1979. A pesquisa para o que se tornou *Vencendo a crise* estava dando seus primeiros passos. O título de produção era comum, o "Organization Effectiveness Project" (Projeto de eficácia da organização) de McKinsey. Meu colega Bob Waterman e eu entrevistávamos as pessoas aqui e ali. Em nossa lista de possíveis candidatos havia um vizinho próximo (estávamos instalados em San Francisco) em Palo Alto, uma empresa cheia de energia, relativamente jovem e inovadora chamada Hewlett-Packard. Fizemos a viagem de quarenta quilômetros até Palo Alto, e logo nos vimos sentados no "escritório" (um cubículo apertado e inacabado) do presidente da HP, John Young, cercado por espaços de engenharia. Em algum momento no início da conversa, o sr. Young mencionou "GAPA". Acho que ele estava falando sobre o famoso "Estilo HP" e disse que sua pedra fundamental era essa coisa (estranha para nós) chamada "GAPA".

Bob e eu não sabíamos, mas, desde aquele momento, tudo mudou em nossa vida profissional.

O GAPA do sr. Young, como parece que meio mundo sabe hoje em dia, é, evidentemente, Gerenciar Andando Por Aí. E isso significava e significa... Gerenciar Andando Por Aí. O significado mais profundo: você não pode liderar a partir do seu escritório ou da sala, ou por mensagem, e-mail, PowerPoint ou balancete. Você lidera por meio de interação plenamente humanizada. Este livro existe para "vender" Humanismo Extremo, incluindo nele interação virtual personalizada. Com os membros de nossa equipe e com as pessoas de fora também. Resumindo: investimento pesado em engajamento emocional faz as coisas acontecerem.

De qualquer maneira, aqui estou eu, quarenta anos mais tarde, ainda repetindo o pedido. Peço que você abandone o que está fazendo neste minuto e faça meia hora de GAPA. (Ou GEPZ. Veja a seguir.)

Ok?

> **Tarefa 54A** Exigir diariamente/GAPA diariamente = Atividade do Líder Efetivo nº 1.

GAPA = Diversão!!!
(Ou desistência.)

Por que você pratica GAPA?

Porque é divertido!

E se não for...

Certamente, com o GAPA você vê de perto o que realmente acontece na organização. Mas tem mais, muito mais. Veio para mim como um flash em uma caminhada pela praia na Nova Zelândia, 35 anos depois de *Vencendo a crise*, que você pratica GAPA porque, sim, é divertido. É um prazer, ou deveria ser, estar nos espaços de trabalho com as pessoas da sua equipe, que enfrentam os problemas do dia a dia. É divertido trocar histórias. Você aprende "coisas" importantes, com certeza. Mas isso é só 5% do todo. O resto tem a ver com camaradagem em uma organização/comunidade humana. Sou determinado em relação a essa atividade ultra "soft": se, de fato, você não apreciar muito conviver e se relacionar de maneira próxima com seu pessoal; se não gosta muito de conversar com a equipe do Centro de Distribuição à uma da manhã, sugiro sinceramente que encontre outra coisa para fazer na vida. Sinto muito.

> **Tarefa 54B** Divirta-se!
> Ande com sua grande turma!
> Vá conhecê-los melhor!
> Aprenda sobre seus altos e baixos!
> E: Escute! Escute! Escute!
> (E, sério, se não sente prazer com a "relação" não estruturada, pense no trabalho que escolheu para sua vida e no que está fazendo aqui. É trabalho duro, sim, mas vital.)

GAPA: Últimas palavras.
Vinte e cinco lojas visitadas por semana!

> *"Estou sempre visitando nossas lojas – pelo menos 25 por semana. Também vou a outros lugares: Home Depot, Whole Foods, Crate & Barrel. Tento ser uma esponja e absorver o máximo que posso."*
> **HOWARD SCHULTZ**. Fundador/CEO da Starbucks, "Secrets of Greatness", *Fortune*

Dá até para imaginar as tarefas – grandes e pequenas – que esperam pelo sr. Schultz todos os dias. Mesmo assim, de algum jeito, ele visita essas 25 lojas por semana. É um indicador inigualável de até onde um líder eficiente pode ir/vai para se manter em contato direto com a ação e seus empregados e clientes.

14.55

GAPA encontra GEPZ
Gerenciar Encontrando Pelo Zoom
se torna o "novo normal"

Muita gente com muito mais experiência que eu vai concordar com este tópico. Desconfio que, em dezoito meses, as estantes virtuais da Amazon terão 25 novos volumes (no mínimo) sobre os "Sete passos para a estrondosa eficiência trabalhando de casa".

Minha proposta é mais breve, deixo com você a missão de criar, digamos, "reuniões melhores". Meu objetivo é lembrar você de que a essência da eficiência em longo prazo em qualquer coisa é manter excelentes relacionamentos em todos os lugares, e que a essência da inovação é modificar interações – e nenhuma dessas coisas acontece naturalmente no mundo do GEPZ/Gerenciar Encontrando Pelo Zoom.

Mas não deixe de tentar! Lei de ferro (droga): o bate-papo social é o que nos faz humanos. Invente suas maneiras virtuais de garantir isso. A chave: experimentação! Francamente, nenhum de nós, no momento em que escrevo isto, sabe o que está fazendo. Então... invente enquanto segue em frente.

(Para sua informação: desde março de 2020, fiz cerca de cinquenta podcasts ou apresentações pelo Zoom. Estou plenamente convencido de que você pode transmitir e receber atenção, cuidado e empatia no mundo do Zoom quase tanto quanto no mundo da interação cara a cara. "Resumindo": você ainda pode "manter no nível pessoal"!)

Alguns pontos sobre reuniões pelo Zoom:

- Não permita que os falantes – os extrovertidos – dominem o espetáculo. De um jeito ou de outro, envolva todo mundo na conversa.
- Não use uma ferramenta maquiavélica qualquer para medir e microgerenciar o tempo de acesso dos participantes. Não

seja um Frederick Taylor (guru do tempo e movimento) virtual. Depende de você fazer isso funcionar.

- A regra de ouro: sempre positivo. Raramente negativo. (Veja adiante: Reforço positivo é trinta vezes mais poderoso que reforço negativo – trinta vezes no geral e mais dez vezes no contexto pavoroso de hoje em dia.)
- Reforço um tema importante desde a primeira página deste livro: contrate por QE. Promova por QE. As chamadas "soft skills", que são as verdadeiras "hard skills", são muito, muito mais importantes quando se trata de gerenciar em circunstâncias de trabalho remoto ou GEPZ.
- Em tempo de Covid-19... seja, sr. Chefe, um ser humano bom e cuidadoso. Não julgue com rigor. Isso é defesa. Em vez disso, perceba que há estresse e dificuldade além da sua capacidade de imaginação em cada pessoa presente no ambiente. Aja de acordo com isso, com "bondade", não com "tolerância".
- Um empregador da Parks Canada enviou uma circular para todos os seus funcionários em abril, quando as questões relativas à Covid-19 preocupavam a todos nós. Um dos funcionários compartilhou essa circular no Twitter. Aqui vão as "regras" contidas nela.

Trabalho remoto – Princípios na Covid-19

1. Você não está "trabalhando de casa", você está "na sua casa em um momento de crise, tentando trabalhar".
2. Sua saúde física, mental e emocional é muito mais importante que qualquer outra coisa agora.
3. Você não deve compensar a perda de produtividade trabalhando por mais tempo.
4. Seja gentil consigo mesmo e não julgue sua reação com base em como os outros estão reagindo.
5. Seja gentil com os outros e não julgue a maneira como eles reagem com base em como você está reagindo.

6. O sucesso de sua equipe não será medido como era antes, quando tudo estava normal.

O tipo de cuidado demonstrado nessa circular vale ouro. Sugiro, sr. Líder, que se apodere dela!

> **Tarefa 55** Faça seu melhor. Experimente! Experimente! Experimente! E apodere-se da mensagem da Parks Canada: seja gentil. Seja atencioso. Seja humano. É uma coisa boa para fazer. E, francamente, é excelente para a produtividade em longo prazo – funcionários tratados com atenção são funcionários produtivos.

Em relação ao uso do Zoom, há outro conselho sobre GEPZ – o telefone! É, sem dúvida, um meio muito mais pessoal para saber sobre Yvonne (ou Tom!) do que o e-mail, a mensagem de texto ou o Zoom. Um amigo próximo diz que um telefonema é invasivo. Eu discordo veementemente. Uma ligação de cinco minutos se prolonga tranquilamente para quinze ou vinte minutos, durante os quais digressões importantíssimas valem ouro. Você aborda o assunto planejado, boatos estranhos, um problema com um cliente, descobre que o pai de Yvonne está muito doente etc. Na minha experiência, é bem menos provável que isso aconteça pelo Zoom e, certamente, não é assunto para mensagens de texto ou e-mails.
    Boa sorte!

14.56

Reuniões = Oportunidade de liderança nº 1
Excelência ou falência

(Fato: Na maior parte do seu tempo = Reuniões = Oportunidade de Liderança nº 1 = Oportunidade para Excelência nº 1. Por definição!)

Excelência em reunião: cada reunião que não provoca a imaginação e a curiosidade dos presentes e não aumenta conexão, cooperação, engajamento e noção de valor, não motiva ação rápida e incentiva o entusiasmo é uma oportunidade permanentemente perdida.

Sim, vocabulário extremo. Mas, se "reuniões são o que eu faço" é uma expressão mais ou menos precisa, então, a definição acima é, acredito, incontestável. Embora difícil de alcançar de maneira consistente.

Regras para reuniões:
Preparar-se. Preparar-se.
(E preparar-se. E preparar-se.)

1. Prepare-se para uma/toda reunião como se sua vida e seu legado profissionais dependessem dela. Depende! Isso não é exagero, de jeito nenhum! (A experiência me diz que chefes que se preparam para reuniões são bem poucos.)
2. *Ver* nº 1.
3. Tempo de escuta > tempo de fala.
4. Em nenhuma circunstância, nem mesmo em uma reunião com o chefe do chefe, um chefe pode chegar atrasado, nem um microssegundo. (Atraso = Desrespeito.)
5. Uma reunião é uma *performance*. (O que não tem nada a ver com baterias e clarins, mas tudo a ver com o ambiente que o líder estabelece e nutre cuidadosamente.)
6. "Excelência em reunião" não é um oxímoro. (Caramba!)

Nota: o mundo do trabalho remoto/Zoom adiciona uma aparente dificuldade ao trabalho. Você vai ter que aprender e praticar (e praticar e praticar) em busca da Excelência na Reunião Virtual. Não vai acontecer da noite para o dia. Mas é possível, e eu observei isso!

Não se julgue com muita dureza pela irregularidade do processo de aprendizado. Estamos desenvolvendo toda uma nova abordagem de interação humana. É algo muito grande, e "sucesso da noite para o dia" não faz parte das opções.

> **Tarefa 56** *Qual é seu nível de preparo para a próxima reunião?????* (Se você simplesmente "não tem a porcaria do tempo..." bem, então, cancele a porcaria da reunião. Regra nº 1: Sem megapreparação, sem reunião.)

14.57

Regra nº 1 da liderança para garantir as coisas feitas
Dedique 80% (!!!) do seu tempo a recrutar e
nutrir aliados e a perseguir pequenas vitórias
(Regra nº 2: Ver Regra nº 1**)**

Recrutamento e desenvolvimento de aliados.
A lei de ferro

Fracassados... focam (perdem quantidades absurdas de tempo com) inimigos.

Vencedores... focam aliados, aliados e mais aliados.

Fracassados... focam a "remoção de obstáculos".

Vencedores... desviam dos obstáculos e focam "pequenas vitórias" em lugares inesperados com novos aliados, que são modelos positivos do "jeito novo".

Fracassados... fazem inimigos.

Vencedores... fazem amigos.

Fracassados... agradam os chefes.

Vencedores... agradam e conquistam batalhões de amigos/aliados onde o trabalho é realmente feito.

Fracassados... focam o negativo.

Vencedores... focam o positivo.

Fracassados... se destacam como um dedão inflamado.

Vencedores... trabalham por intermédio de aliados (e dão aos aliados 99% do crédito pelo sucesso) e são, em grande parte, invisíveis.

Fracassados... preferem a força bruta e apreciam o derramamento de sangue.

Vencedores... cercam em silêncio aqueles que discordam de aliados de todos os tipos e sabores.

Conclusão:
Aliados.
Aliados. Aliados.
Mais aliados.

Isto é pessoal: o programa que desenvolvi na McKinsey & Company e que levou a *Vencendo a crise* bateu bem na cara das crenças centrais da McKinsey (estratégia primeiro, coisas de pessoas/cultura em segundo e bem longe). Portanto, meus "inimigos" eram os orgulhosos "jogadores poderosos" da organização, e eu, definitivamente, não era um jogador poderoso. Minha estratégia de (demorada) vitória foi, na medida do possível, esquecer os maus e os grandes e recrutar aliados de todos os tipos em cada canto e nicho. Quanto à sugestão feita aqui, o recrutamento e o desenvolvimento de aliados absorveram a maior parte do meu tempo ao longo dos quatro anos em que estive envolvido.

> **Tarefa 57** Em relação ao projeto em que está trabalhando agora, que novos apoiadores você recrutou... na última semana? (Sem resposta simplista, por favor.) "Não tive tempo, estava trabalhando no projeto." Errado! "Trabalhando no projeto" = Recrutando novos aliados e mantendo os antigos.
>
> Aliados são sua vida.

14.58

TCF/Ter as Coisas Feitas
Ferramenta poderosa nº 1: "Desça pelo sucesso"

> *"Ele [o protagonista] havia se tornado uma lenda entre as pessoas que comandavam as entranhas da Agência [CIA]."*
> GEORGE CRILE, *Charlie Wilson's War*

As chances de sucesso e excelência em implementação são diretamente proporcionais à extensão e à profundidade de sua rede dois ou três (ou quatro) níveis "abaixo" na organização. "Lá embaixo" é onde estão as pessoas (tipicamente subapreciadas) que fazem o verdadeiro trabalho de base na empresa. Invisível, mas absolutamente importante. E vale uma grande parte de seu tempo e atenção. E afeição.

Esse ponto merece ser separado do restante das ideias de liderança de TCF, e recebe uma atenção especial:

"Agradar" os de cima é para burocratas.

"Agradar" os de baixo é para vencedores.

Bônus: conviver "lá embaixo" com aquelas pessoas que fazem o trabalho de verdade é muito mais agradável que o tempo passado em rituais de bajulação!

> **Tarefa 58** A implementação do seu projeto provavelmente vai requerer o apoio de três ou quatro departamentos. Quão forte em cada um desses departamentos é a sua rede quando está no "olho do furacão"? Sem estimativas, por favor.

14.59

Liderar = Hora do show
O *verdadeiro* maior artista

"Sempre é hora do show!"
DAVID D'ALESSANDRO, *Career Warfare*

"Tinha sido uma cena de que aqueles que estavam na sala se lembrariam por muito tempo. Washington tinha executado seu papel com perfeição. Não era suficiente que um líder parecesse bom para a função; pelas regras de Washington, ele precisava saber atuar com autocontrole e precisão. John Adams mais tarde descreveria Washington em tom de aprovação como "um dos maiores atores da época".
DAVID MCCULLOUGH, *1776: a história dos homens que lutaram pela independência dos Estados Unidos*

Quando a situação em Boston ficou mais terrível para o esfarrapado Exército Continental, Washington convenceu os britânicos, valendo-se de uma atitude estudada e um cenário cuidadosamente construído (que fazia seu QG parecer grandioso e seu exército, íntegro, saudável e bem equipado), sugerindo que os norte- americanos eram uma força formidável a ser enfrentada.

Tarefa 59A "Espetáculo" pode não parecer algo muito relacionado aos negócios, muito menos a ganhar uma guerra (Washington). Mas é. Talvez você seja "apenas" um chefe de primeiro nível. Bem, as pessoas que trabalham para você o observam como falcões. Nancye (ou Jeffrey) está de bom humor hoje, ou não? Etc. TCF/Ter Coisas Feitas é dirigido pela atitude que você exibe hoje, mais que pelo que chamamos de "substância". Tenha consciência de sua pegada emocional em especial! Para sua informação: "Espetáculo" significa estar consciente de que se está "no palco" e criando uma impressão de algum tipo. Não tem a ver com erguer a voz e balançar os braços loucamente. Dizem que o "espetáculo silencioso" é mais poderoso que o espetáculo barulhento. Ver adiante.

Liderança = Hora do espetáculo
Distribuir entusiasmo (ou não)
O chocante poder da linguagem corporal

"Sou um distribuidor de entusiasmo."
BEN ZANDER, maestro de sinfônica e guru empresarial

A classificação musical não varia; a qualidade da apresentação é determinada, em grande parte, pela energia, pelo entusiasmo e pelo amor transmitidos pelo maestro. Também é assim em todo cenário organizacional. E uma repetição: entusiasmo não é fazer barulho!

Líderes são artistas.
Todos os líderes são artistas.
Todos os líderes são artistas o tempo *todo*.
Sem opção.
Nunca fora do palco.
Esteja *preparado*.

"Pesquisas indicam que o tom, o volume e o ritmo de sua voz afetam o que pessoas pensam que você disse cerca de cinco vezes mais que as palavras que você usou."
PROF. DEBORAH GRUENFELD, "Behavior Lessons for Leadership and Teamwork", *Stanford Business*

5×!

> **Tarefa 59B** Releia a citação acima. Releia umas cinco vezes. Devagar. Absorva-a. A linguagem corporal supera substância em 5:1. Você é um líder. Precisa se tornar consciente de como é percebido em termos de linguagem corporal. Provavelmente você não estudou isso na escola, a menos que tenha se formado em teatro. (Sim, repito, precisamos de mais graduados em teatro em nossas empresas.) Então, torne-se um estudante de linguagem corporal por conta própria. Torne-se autoconsciente. Peça feedback a um amigo próximo. Lembre-se: 5:1. Isso é... muita coisa!

Tarefa 59C A máxima "observe a linguagem de seu corpo" poderia parecer marginalizada no mundo do trabalho remoto/Zoom. De jeito nenhum! É diferente, mas igualmente importante. Os braços e as pernas podem desaparecer, mas a expressão facial é mais importante que tudo. Trabalhe nela!

14.60

Amar a liderança (ou não)

Ele disse que eu havia deixado de incluir uma coisa no meu discurso sobre liderança... *"Tom, foi um bom discurso, mas você deixou de fora a coisa mais importante... Líderes gostam de liderar!"*

Fiz uma palestra em Dublin intitulada "A liderança 50"; o conteúdo eram cinquenta atributos da liderança efetiva. Mais tarde, tomando uma Guinness, é claro, o diretor de uma empresa de serviços de marketing de porte considerável fez o comentário acima sobre o que eu tinha omitido.

Pensei um pouco e admiti que ele estava certo. Dito de maneira simples: algumas pessoas "piram" com as pessoas e os enigmas políticos, e prosperam na confusão inerente às questões humanas que são o centro da liderança efetiva.

Outras não.

Liderar é uma coisa singular.

E pode, ou não, depois de muito estudo e treinamento, ser uma coisa para você.

Pense bem a respeito disso.

Isso se aplica a um período de quatro semanas como líder de projeto para quatro pessoas tanto quanto a um trabalho "grande".

Receio que "liderança, ame-a ou deixe-a" é um resumo bem preciso.

> **Tarefa 60** Pense nisso. Pense no que realmente significa liderar, as coisas com que você, na condição de líder, deve se preocupar. Você realmente gosta de trabalhar com pessoas; você "pira" com as peculiaridades humanas; ou é mais comum que se irrite com elas? Não estou pedindo uma decisão rápida do tipo "sim" ou "não", estou sugerindo uma reflexão. Lembre-se do que disse meu conhecido em Dublin: amar o ato de liderar é um imperativo – na verdade, de acordo com esse conhecido, o imperativo nº 1 para a liderança efetiva. Ele tem razão.

14.61

Liderança
(Muito) **Tempo não planejado**
A aspiração 50%
Uma necessidade. Sem opção

> *"Evite estar sempre ocupado, libere seu tempo, mantenha-se focado no que realmente importa. Vou ser bem direto: todo líder deve preservar rotineiramente uma porção significativa de seu tempo – eu diria 50% – fora da agenda... Só quando você tiver 'folgas' substanciais na agenda – tempo não agendado – terá o espaço para refletir sobre o que está fazendo, aprender com a experiência e recuperar-se de seus inevitáveis erros."*
> **DOV FROHMAN**, superstar da Intel, *Leadership the Hard Way: Why Leadership Can't Be Taught and How Can You Learn It*

O ponto principal, na minha opinião: liderança efetiva é liderança atenciosa. E a atenção, de maneira geral, desaparece no meio de uma agenda lotada. Assim como os pequenos toques de cuidado e preocupação que distinguem o líder excelente e a cultura efetiva.

Em relação a isso, vejamos o que diz **FRANK PARTNOY**, em *Como fazer a escolha certa na hora certa*:

> *"Pensar no papel da espera é uma parte profunda e fundamental de ser humano... A quantidade de tempo que demoramos para refletir sobre decisões vai definir quem somos.*
> *A vida pode ser uma corrida contra o tempo, mas é enriquecida quando nos elevamos além de nossos instintos e paramos o relógio para processar e entender o que estamos fazendo e por quê."*

Sim, um livro inteiro sobre "esperar". Original e, garanto, digno da palavra "profundo". Frohman e Partnoy: preste atenção.

Tarefa 61 Então, você é capaz disso, de reservar 50% fora da agenda? Provavelmente não – mas você pode fazer o seu melhor para aumentar seus 10% (ou menos, aposto) para, digamos, 20%. Há poucas "Tarefas" neste livro mais importantes que esta, se é que há alguma.

14.62

Liderança: Ler (e ler e ler...)

"Em toda minha vida, não conheci uma pessoa sábia (sobre um área ampla de assunto) que não lesse o tempo todo... nenhuma. ZERO. Você se surpreenderia com quanto Warren [Buffett] lê – e com quanto eu leio."
CHARLIE MUNGER (Vice-presidente da Berkshire Hathaway, o nº 2 de Buffett), *Poor Charlie's Almanack: The Wit and Wisdom of Charles T. Munger*

"Se eu tivesse que escolher o maior erro dos CEOs, é que eles não leem o suficiente."
Cofundador de uma das maiores companhias de investimento do mundo, em uma conversa comigo.

O maior erro... um comentário surpreendente, de grande impacto!
Por favor, não passe rapidamente por isso.
Por favor, *pense nisso com cuidado.*
Repita: o maior erro do CEO.

LEIA.
LEIA.
LEIA...

Tarefa 62 Regras de leitura.

Ampliar! Ampliar! Ampliar! A ideia principal é abrir a mente e ampliar o escopo de conhecimento. Criatividade é um subproduto de amplitude. Dez vezes mais que aprofundamento. A chave é tirar ideias de áreas amplas novas para você e traduzi-las em sua esfera de interesse. (Esse não é um ato mecânico. Estou falando de conexões subconscientes novas que aparecem sorrateiramente quando você está, digamos, lidando com questões espinhosas.)

Ler ficção. Ficção tem a ver com pessoas e relacionamentos. Ambos fazem sua mente expandir e vagar de maneira produtiva de um jeito valiosíssimo, mas do qual você não tem consciência.

Impacto subliminar. Sua mente é ampliada. E, de uma forma ou de outra, as coisas novas que você esteve examinando em sua leitura penetram seu jeito de ser e causam impacto em suas ações estratégicas práticas de longo prazo.

Em suas **áreas de expertise**, leia mais que os concorrentes. Você nunca sabe o quanto pensa que sabe sobre muita coisa que faz. (Para mim é uma questão de força bruta. Ficar perto do líder da minha classe, um livro de cada vez.)

Estratégia vencedora 2021: estudar intensamente e para sempre.

Se você é o chefe, de vez em quando pergunte a Maria ou Jackson: "O que você leu de interessante ultimamente? Eu devo ler também?".

Se você é o chefe, considere a ideia de um clube do livro, de preferência sobre temas que você e seus colegas de equipe saibam muito pouco – tudo tem a ver com pensar e, repito, alargar horizontes.

O **objetivo** é que sua equipe seja a melhor do ramo em relação a leitura, estudo e aprendizado.

14.63

Habilidade de liderança nº 1 e Valor Essencial nº 1
Escuta "agressiva"/Escuta "feroz"

"Minha educação em liderança começou em Washington quando fui assistente do Secretário de Defesa William Perry. Ele era amado universalmente e admirado por chefes de Estado... e por nossas tropas e por aliados. Muito disso se devia a como ele ouvia. Cada pessoa que falava com ele tinha sua atenção completa, absoluta. Todo mundo desabrochava em sua presença, porque ele era muito respeitoso, e percebi que queria afetar as pessoas da mesma maneira.

Perry se tornou meu exemplo, mas isso não era suficiente. Algo maior tinha que acontecer, e aconteceu. Foi doloroso perceber quão frequentemente eu só fingia ouvir as pessoas. Quantas vezes mal levantava o olhar do trabalho quando um subordinado entrava no meu escritório...

Jurei tratar cada encontro com cada pessoa no Benfold [Abrashoff era Capitão do USS Benfold] como a coisa mais importante naquele momento... decidi que meu trabalho era ouvir agressivamente."
MIKE ABRASHOFF, *Este barco também é seu: Práticas inovadoras de gestão que levaram o USS Benfold a ser o melhor navio de guerra da Marinha Americana*

Palavra-chave: "agressivamente". Ouvir *não* é uma atividade passiva!

"É incrível como essa coisa aparentemente pequena – simplesmente prestar atenção feroz ao outro, realmente perguntar, realmente ouvir, mesmo durante uma conversa breve – pode provocar uma resposta tão completa."
SUSAN SCOTT, *Fierce Conversations: Achieving Success at Work and in Life, One Conversation at a Time*

Palavra-chave: "feroz". Repita: ouvir *não* é uma atividade passiva!

"Quando saí da sala de jantar, depois de ter estado sentado ao lado de Gladstone, pensava que ele era o homem mais astuto da Inglaterra. Mas quando me sentei ao lado de Disraeli, saí sentindo que eu era a mulher mais astuta!"

JENNIE JEROME, mãe (norte-americana) de Winston Churchill, em *Disraeli*, de Christopher Hibbert

> **Tarefa 63A** Pense nas palavras "agressiva" e "feroz" como adjetivos para "escuta". "Concentração intensa" (sem desistir) quando você ouve a outra pessoa já é um começo. Mas em que se traduziria escuta "agressiva" ou escuta "feroz"? Na próxima vez que estiver com alguém e as pessoas estiverem falando, deixe as palavras "agressiva" e "feroz" passarem por sua cabeça.

Poder do ouvido

"A melhor maneira de convencer as pessoas é com seus ouvidos, ouvindo o que elas dizem."
Ex-Secretário de Estado norte-americano **DEAN RUSK**

Minha opinião: isso devia estar estampado em uma camiseta, em um pôster atrás da mesa de todos os chefes!

Branson: A incomparável importância de ouvir

Um terço, toda a "Parte Um", mais de cem páginas do livro de Richard Branson, *The Virgin Way: How to Listen, Learn, Laugh and Lead*, é dedicado a ouvir por si só.

O sabor do livro: *"A chave para cada um desses atributos de liderança [oito] era a importância vital da capacidade de escuta de um líder".*

Nunca vi nada que pudesse se comparar a isso.

Excelência em ouvir. *Não.*

Jerome Groopman, médico e professor da faculdade de medicina de Harvard, escreveu o livro *Como os médicos pensam*. Ele afirma que a chave para coletar informação útil e lidar de maneira eficiente com o enigma da saúde do paciente é deixar o paciente falar, descrever seu problema. Mas Groopman cita pesquisas sólidas que pintam um quadro lamentável.

Em geral, o médico interrompe o paciente depois de... dezoito segundos. SE-GUN-DOS!

É com você, querido leitor...

Tarefa 63B Você (chefe/líder) é do tipo que interrompe alguém aos... dezoito segundos? (Procure feedback sério e regular sobre isso. Sua percepção pessoal provavelmente [quase certamente] é muito equivocada.)

Se você é alguém que interrompe aos dezoito segundos:

- Comece a trabalhar (e trabalhe, trabalhe duro).
- Feedback é essencial.
- Hora para começar: agora!

Ouvir é

Ter obsessão por ouvir é:

... o maior sinal de respeito.
... o coração e a alma do engajamento e da consideração.
... a base para colaboração, parceria e comunidade.
... uma habilidade individual que pode ser desenvolvida. (As mulheres são inerentemente melhores nisso que os homens.)
... a essência da efetiva comunicação interfuncional (que é, por sua vez, o atributo nº 1 da efetividade de uma organização).

... a chave para realizar a venda.

... a chave para manter o cliente.

... o eixo do serviço memorável.

... a essência da integração de opiniões diversas.

... lucrativo. (O retorno de investimento no ouvir é mais elevado do que de qualquer outra atividade isolada!)

... o alicerce que embasa um compromisso autêntico com excelência.

Não há uma fagulha de exagero nessa lista.

As regras do bom ouvinte
(Uma amostra)

Um bom ouvinte existe totalmente para a conversa em questão. Não há nada na Terra que seja tão importante para mim quanto esses (cinco, dez, trinta) minutos.

Para citar Susan Scott mais uma vez: Sucesso na escuta = Atenção feroz.

Um bom ouvinte dá à outra pessoa tempo para... tagarelar em direção à clareza... sem interromper. (Uma pausa incômoda de dez ou vinte segundos, uma pausa de 45 segundos quando alguém está... pensando antes de falar... não é um convite à interrupção. *Caramba*.)

Um bom ouvinte *nunca* termina a frase da outra pessoa.

Um bom ouvinte torna-se *invisível*; faz do respondente o centro da atenção.

Um bom ouvinte *nunca* atende um telefonema, nem mesmo do chefe.

Um bom ouvinte faz anotações (*extensas*).

Um bom ouvinte *telefona* (melhor que e-mail... caramba) duas horas depois para agradecer ao outro pelo tempo que lhe foi dedicado.

Um bom ouvinte telefona no dia seguinte com algumas perguntas de follow-up da conversa.

Um bom ouvinte *não* faz palestra!

Axioma: *se você não estiver exausto depois de uma conversa séria, então não estava ouvindo de verdade.*

> **Tarefa 63C** Adote essas regras como se sua vida profissional dependesse delas. E depende!
>
> Tom (eu) para o leitor: "Qual é sua ocupação?"
>
> Leitor: "Eu escuto."
>
> Tom: "A+."

Excelência em escuta

Valor Essencial sugerido nº 1:

"Somos ouvintes eficientes." Tratamos a EXCELÊNCIA em ouvir como o centro do nosso compromisso com respeito, engajamento, comunidade, relação com o cliente e crescimento.

> **Tarefa 63D** Por favor, trate a Escuta como seu Valor Essencial nº 1.

A última palavra em escuta

"Nunca perca uma boa chance de calar a boca."
WILL ROGERS

> **Tarefa 63E** Nunca perca uma boa chance de calar a boca.

14.64

A armadilha da velocidade/
DE-VA-GAR

O que falam nas ruas.

> *"Estes são tempos difíceis/Tem uma 'perturbação' por dia. Ofega. Ofega. Ofega.*
> *A pressa é a chave para o sucesso pessoal.*
> *A pressa é a chave para o sucesso empresarial.*
> *Pressa. Pressa. Mais pressa..."*

Então, velocidade é a chave para todas as coisas boas dos anos 2020? Espere aí...

A seguir, uma lista de atividades estratégicas – que sinalizam sucesso e excelência pessoal e organizacional – que não podem ser cumpridas em um lampejo (ou, na verdade, cem lampejos):

- Construir/manter relacionamentos... leva (muito, muito, muito) tempo.
- Recrutar aliados para a sua causa... leva (muito) tempo.
- Construir/manter uma cultura de alto desempenho... leva (muito, muito) tempo.
- Ler/estudar... leva (muito) tempo.
- Escuta feroz/agressiva... leva (muito) tempo.
- GAPA/Gerenciar Andando Por Aí... leva (muito) tempo.
- Afrouxar sua agenda... leva (muito) tempo.
- Contratar, avaliar, promover... leva (muito) tempo.
- Consideração/pequenos gestos instintivos com o coletivo (Grande > Pequeno)... leva (muito) tempo.
- Humanismo Extremo/design conectivo emocional... leva (muito, muito) tempo.
- Seu próximo e-mail excelente... *deve* levar (muito) tempo.

- O "último um por cento" de qualquer tarefa ou projeto... leva (muito) tempo.
- Ex-ce-lên-cia... leva (muito, muito... e muito!) tempo.

Tarefa 64 "Resumindo": Roma não foi construída em um dia, nem a Excelência Empresarial. DEVAGAR.

14.65

**Frequentemente (e estupidamente) negligenciado...
"Poder do silêncio":
Contrate o quieto
Promova o quieto
Pessoas barulhentas não são as mais criativas
Pessoas barulhentas não são os melhores vendedores
Pessoas barulhentas não são os melhores líderes**

De *O poder dos quietos – como os tímidos e introvertidos podem mudar um mundo que não para de falar*, de Susan Cain.

1. O (MUITO) (QUESTIONÁVEL) EXTROVERTIDO IDEAL: *"O Extrovertido Ideal foi documentado em muitos estudos... Pessoas falantes, por exemplo, são classificadas como mais inteligentes, mais bem-apessoadas, mais interessantes e mais desejáveis para se ter como amigos. Velocidade de fala conta, bem como volume: classificamos os falantes rápidos como mais competentes e agradáveis que os lentos... Mas cometemos um grave erro ao abraçar o Extrovertido Ideal de maneira tão impensada".*

2. EXPERIMENTO DE DUPLAS DE CONVERSAÇÃO: *"Os introvertidos e os extrovertidos participaram igualmente, desmentindo a ideia de que introvertidos falam menos. Mas os pares introvertidos eram propensos a focar um ou dois assuntos sérios de conversação, enquanto os pares extrovertidos eram mais relaxados e traziam assuntos mais variados".*

3. LIMITES PARA A ASSERTIVIDADE: *"Lembre-se também dos perigos do novo pensamento em grupo. Se é criatividade que você procura, peça aos seus empregados para resolverem problemas sozinhos, antes de compartilharem suas ideias... Não confunda assertividade ou elegância com boas ideias. Se você tem uma força de trabalho proativa (e espero que tenha), lembre-se de que essas pessoas podem ter um melhor desempenho sob um líder introvertido do que sob um extrovertido ou carismático".*

4. O PODER DA QUIETUDE: *"Na próxima vez que você vir uma pessoa de expressão serena e voz mansa, lembre-se de que, em pensamento, ela pode estar resolvendo uma equação, compondo um soneto, desenhando um chapéu. Isto é, ela pode estar implantando o poder da quietude".*

Minha opinião sobre o poderoso livro da sra. Cain: "Nós" [líderes] temos certo desprezo por quase metade da população – a metade que muitas vezes é mais atenciosa que seus pares barulhentos e, a pesquisa mostra, que também se transforma em líderes melhores. Libertar o "poder da quietude" é uma Grande Oportunidade Estratégica (GOE).

Com relação a barulhento/quieto, eu me lembro do profundo ceticismo de Peter Drucker em relação ao "carisma". Ele não acreditava que o carisma contribuísse para a efetiva liderança organizacional – e apontou que os líderes políticos que causaram mais danos eram, no entanto, infalivelmente "carismáticos".

> **Tarefa 65**
> 1. Ler *O poder dos quietos* lentamente – e refletir. Por favor.
> 2. A partir de hoje (!), fazer um esforço descomunal para introduzir uma "tendência à quietude" em tudo que você faz, especialmente em decisões de contratação e promoção.
> 3. Ir em frente, de acordo com o argumento da sra. Cain, nos faria ir contra nossos instintos básicos, o que, por sua vez, significa que você vai ter que trabalhar muito para superar seus preconceitos. A grande notícia, é claro: *a recompensa é enorme.*

(Para sua informação: *O poder dos quietos* é minha escolha de melhor livro de negócios do século até hoje. Pelo amor de Deus, estamos falando sobre nada menos que nosso preconceito implícito contra quase metade da população. E com o fato de a metade subatendida, uma vez diante da oportunidade, superar em desempenho seus pares barulhentos!)

14.66

Positivo supera negativo em 30 para 1! Reconhecimento = A mais poderosa "ferramenta" de liderança

"Atenção positiva é trinta vezes mais poderosa que atenção negativa para criar alto desempenho em uma equipe. Então, embora possamos ter que ajudar as pessoas a melhorar em alguma coisa ocasionalmente, se prestar atenção ao que as pessoas não conseguem fazer é nosso procedimento-padrão como líderes de equipe, e se todos os nossos esforços são direcionados para dar e receber feedback negativo com mais frequência e mais eficiência, estamos deixando um potencial enorme na mesa. As pessoas não precisam de feedback. Elas precisam de atenção e, mais ainda, atenção ao que elas fazem melhor. E elas se tornam mais engajadas e, portanto, mais produtivas quando damos isso a elas."
MARCUS BUCKINGHAM e **ASHLEY GOODALL,** *Nine Lies About Work: A Freethinking Leader's Guide to the Real World,* extraído do Capítulo cinco, "Lie #5: People Need Feedback"

Releia. E releia muitas vezes. **30×!** Por que tão poucos têm o poder impressionante de atenção/feedback positivo?

Sempre fico intrigado. E acrescentaria que o feedback *negativo* que 9.86 de cada 10 chefes fornece é dado de um jeito pesado, destrutivo. E também apontaria que os autores são pesquisadores quantitativos experientes, obstinados, meticulosos; isso define digno de confiança – aqui não há estimativas.

"O princípio mais profundo da natureza humana é a necessidade de ser reconhecido."
WILLIAM JAMES, filósofo

Linguagem mui-to for-te! E mui-to justificável!

> *"As duas coisas mais poderosas que existem: uma palavra bondosa e um gesto atencioso."*
> **KEN LANGONE**, cofundador da Home Depot

> *"Pessoas que não sentem de maneira significativa raramente fazem contribuições significativas."*
> **MARK SANBORN**, autor e guru de vendas

Citações repetitivas. Por uma razão. Frustração. Frustração com minha contínua incapacidade de fazer essa mensagem (que, mais uma vez, não é ciência espacial) pegar.

Tarefa 66A
POSITIVO.
POSITIVO.
POSITIVO.
(IMEDIATAMENTE.)

POSITIVO.
POSITIVO.
POSITIVO.
POSITIVO.
(CARAMBA.)

> *"Liderança tem a ver com como você faz as pessoas se sentirem – sobre você, sobre o projeto ou trabalho que estão fazendo juntos e, especialmente, sobre elas mesmas."*
> **BETSY MYERS**, *Take the Lead: Motivate, Inspire, and Bring Out the Best in Yourself and Everyone Around You*

OQVP/O QUE VOCÊ PENSA?

"O que você pensa?"
DAVE WHEELER, especialista em eficiência organizacional, diz que OQVP são as "quatro palavras mais importantes no vocabulário dos líderes"

Não só concordo integralmente com o sr. Wheeler como sugiro que você faça uma contagem literal dos seus *"OQVPs diários"*. No mínimo, isso vai fazer com que você se lembre da importância dessas grandes quatro palavras.

> **Tarefa 66B** Conte seus "OQVPs". Comece hoje...

"Telefono para sessenta CEOs [na primeira semana do ano] para desejar a eles um feliz Ano-Novo."
HANK PAULSON, ex-CEO da Goldman Sachs/ex-Secretário do Tesouro dos EUA

Desde 1973, sem falha, tenho praticado uma versão disso. Religiosamente, faço entre 25 e 50 telefonemas de "muito obrigado por seu apoio neste ano que passou" no Natal e Ano-Novo. O feedback positivo não é menos que surpreendente, o que, é claro, confirma a raridade e o poder dessa prática. (E é um destaque anual. Gosto dele imensamente.)

> **Tarefa 66C** Experimente uma versão disso. Funciona! (E também é prazeroso de fazer – para ambas as partes.)

Minha "moral da história" sobre "tudo isso":
"Reconhecimento" pode ser a palavra mais poderosa da nossa língua – e é equivalente em qualquer outra.

Alerta de frustração. Estou realmente, realmente no limite da minha paciência. Por que, por que, por que induzir as pessoas a "ser positivas" é tão difícil?

Dizer alguma coisa agradável faz você ser "mole"? As pessoas realmente precisam de "conversa franca" (feedback negativo e duro) para ter um desempenho melhor?

EU SIM-PLES-MEN-TE NÃO EN-TEN-DO.

14.67

Obrigado: A "Regra dos 30 mil", mais uma dezena de bilhetes manuscritos de agradecimento uma vez por dia durante dez anos

> *"Acredite ou não, mandei aproximadamente 30 mil mensagens manuscritas para funcionários... ao longo da última década, do pessoal da manutenção aos executivos sêniores."*
> DOUGLAS CONANT, "Secrets of Positive Feedback", *Harvard Business Review*

Isso representa mais ou menos... onze bilhetes manuscritos de agradecimento por dia de trabalho durante... dez anos. Nada menos que impressionante!

Poder do "obrigado"? INFINITO.
Sim... IN-FI-NI-TO.

Obrigado: "Pequeno" > "Grande"
Mais uma vez – um tema persistente

Não é o "obrigado" por fazer a venda de 1 milhão de dólares que importa. Reconheça pelo que vai acontecer de qualquer maneira! Para usar a expressão de Ken Blanchard, é "pegar alguém fazendo alguma coisa [alguma coisa pequena] certo".

Para quem recebe, o reconhecimento espontâneo pelas "pequenas coisas" tem impacto maior e mais duradouro do que pelas grandes coisas. Significa que você, líder, notou o pequeno gesto. Você fez o destinatário – lembre-se da citação anterior – sentir que importa.

Sentir que é importante = Poderoso motivador.

> **Tarefa 67** Qual é sua PCDO/Pequena Contagem de "Obrigados"... nas últimas quatro horas? (Essa é uma questão muito séria.)

14.68

**Pedir desculpas funciona
A mágica da "ligação de três minutos"
Pedir desculpas compensa**

> *"Considero o pedido de desculpas o gesto humano mais mágico, curativo, restaurador que o ser humano pode fazer. É a peça central do meu trabalho com executivos que querem melhorar."*
> **MARSHALL GOLDSMITH**, *What Get You Here Won't Get You There: How Successful People Become Even More Successful*

Releia. Foque e reflita sobre o pedido de desculpas como "peça central". Palavras claras e poderosas! Isso me surpreendeu de verdade, o pedido de desculpas como "peça central" do treinamento de executivos, e a fonte, Marshall Goldsmith, é incontestável.

A lei de ferro do pedido de desculpas
A "Regra dos Três Minutos"

A lei de ferro do pedido de desculpas: houve um momento em que você podia escapar de um fiasco de primeira grandeza (por exemplo, perder uma venda de 1 bilhão) com uma visita ou um telefonema de três minutos poucos minutos ou horas depois do surgimento da questão.

Faça isso agora. Agora. AGORA.

Pedir desculpas compensa/$$$
De *Effective Apology*, de John Kador

Sim. Um livro inteiro sobre pedir desculpas! Mensagem: é possível tornar-se um estudante dos temas "soft" críticos, tais como... pedir desculpas.

Do livro:

1. *"Considere o exemplo da Toro, fabricante de cortadores de grama e limpadores de neve. A Toro adotou uma abordagem mais conciliadora que sempre começa com um pedido de desculpas por parte da empresa, independentemente de quem errou. A companhia não é levada a julgamento desde 1994 [escrito em 2009] e reduziu o custo médio [de acordos em processos] de US$ 115 mil em 1991 para US$ 35 mil em 2008."*

2. *"Hoje, cada vez mais, médicos e hospitais percebem que um programa coordenado de declaração e pedido de desculpas reduz drasticamente os processos por negligência. No ano 2000, o terrível julgamento nacional do Hospital dos Veteranos por negligência foi de US$ 413 mil. O julgamento do Lexington [Hospital dos Veteranos usando o método de declaração e pedido de desculpas] foi de US$ 36 mil."*

Tarefa 68 Ler o maravilhoso livro do sr. Kador. Torne-se – SIM – um estudante formal do poder do pedido de desculpas. Fale sobre isso com colegas como uma Característica de Empreendimento Cultural. Faça dos pedidos de desculpas oportunos parte do nosso Caráter Organizacional.

14.69

Autoconhecimento. Diferenciador do líder nº 1. A qualidade da sua autopercepção é péssima

"Ter consciência de si mesmo e de como você afeta todos à sua volta é o que distingue um líder superior."
CINDY MILLER, com **EDIE SEASHORE**, em "Masters of the Breakthrough Moment", *Strategy + Business*

Edie Seashore conheceu poucos pares no mundo do desenvolvimento organizacional, se é que houve algum. A declaração de Miller-Seashore feita aqui é forte: *Com relação à liderança eficiente, eles afirmam, autoconhecimento é a característica distintiva nº 1.* E não estão sozinhos nessa afirmação. Sem dúvida, a maioria dos maiores especialistas em liderança usaria linguagem igualmente forte, ou quase tão forte; isto é, autoconhecimento como Força do Líder nº 1. Pense nisso. Por favor.

"Para desenvolver outras pessoas, comece por você mesmo."
MARSHALL GOLDSMITH

"Trabalho em mim primeiro."
KERRY PATTERSON, JOSEPH GRENNY, RON MCMILLAN e **AL SWITZLER**, *Conversas cruciais: Habilidades para conversas de altos interesses*

"Liderança é autoconhecimento. Líderes bem-sucedidos são aqueles que têm consciência sobre seu comportamento e o impacto que ele exerce sobre as pessoas que os cercam. Eles se dispõem a examinar que comportamentos próprios podem estar atrapalhando. A pessoa mais difícil que você vai liderar é você mesmo. Não podemos liderar os outros de maneira eficiente a menos que possamos liderar nós mesmos."
BETSY MYERS, *Take the Lead: Motivate, Inspire, and Bring Out the Best in Yourself and Everyone Around You*

"Como é possível um líder de alto nível como... [nome não fornecido pelo autor] estar tão desligado da verdade sobre si mesmo? É mais comum do que você imagina. De fato, quanto mais alta a escada que um líder sobe, menos precisa sua autoavaliação tende a ser. O problema é uma intensa falta de feedback [especialmente sobre as questões pessoais]."
DANIEL GOLEMAN *et al., Primal Leadership: Unleashing the Power of Emotional Intelligence*

Essa citação de Daniel Goleman é coerente com um substancial corpo de pesquisa sobre percepções equivocadas de líderes. Em um estudo quantitativo, o pesquisador contou meticulosamente o número de vezes que um líder interrompeu alguém durante uma reunião típica, e o número de vezes que o líder foi interrompido. Você pode imaginar os resultados: o líder achava que raramente havia interrompido, mas que tinha sido interrompido frequentemente. Os dados mostram com clareza o oposto, e em um grau que seria ridículo, se o assunto não fosse tão sério.

Tarefa 69 É quase certo que sua autopercepção é errada. (Errada em 180 graus no caso de um bom amigo – intelectual e analiticamente brilhante além da conta, um completo imbecil para entender o que os outros pensam dele.) Peça ajuda a um colega confiável ou, se puder pagar, a um coach de executivos. Mas, de qualquer maneira, procure uma leitura sólida. Depois aja de acordo com ela, com a ajuda do coach, se for possível. Esse é, claramente, um item no topo da agenda do que deve ser iniciado hoje.

Liderança/Os mestres em autocontrole

"Há três coisas que são extremamente duras: aço, um diamante e se conhecer."
BEN FRANKLIN

"O maior problema que vou enfrentar: gerenciar Dale Carnegie."
DALE CARNEGIE

14.70

**Liderança/14 = 14
14 pessoas = 14 estratégias de comunicação
radicalmente diferentes**

"O grande inimigo da comunicação é a ilusão dela."
WILLIAM H. WHYTE, "Is Anybody Listening?", *Fortune*

Você tem uma equipe de catorze pessoas. Como se "comunica" com elas?
Esqueça "elas".
Pense: "Laura", "Ivan", "Jack"...
Catorze pessoas/membros de equipe significam catorze estratégias de comunicação/motivação/liderança muito diferentes.
Não existem duas pessoas iguais.
Não existem duas pessoas nem perto de serem iguais.
Nenhuma pessoa é na quinta-feira a mesma pessoa que foi na segunda-feira.
Catorze pessoas.
Catorze estratégias de liderança distintas.
PONTO-FINAL.
(E nunca se esqueça disso!)

Tarefa 70 Você acredita nisso? (Espero que sim! É mui-to im-por-tan--te.) Então... você tem uma estratégia de comunicação projetada de maneira significativa para cada pessoa da equipe que se reporta a você? (Nota: suponha que você é o gerente de projeto de uma equipe que só vai existir durante dez semanas. Bem, a estratégia de comunicação projetada de maneira significativa é dez vezes mais importante do que seria se esse fosse um grupo permanente. Isto é, com uma duração de dez semanas, não há espaço para erro.)

14.71

Uma cultura de gentileza

*"Três coisas são importantes na vida humana. A primeira é ser gentil.
A segunda é ser gentil. E a terceira é ser gentil."*
HENRY JAMES

"Gentileza é de graça"

*"[Existe uma] ideia errada de que interações de apoio requerem mais
estafe e mais tempo, e são, portanto, mais caras. Embora os custos
da mão de obra sejam parte importante do orçamento de qualquer
hospital, mais interações personalizadas não alteram em nada o orçamento. Ouvir os pacientes ou responder às suas perguntas não custa
nada. Pode-se dizer que interações negativas – alienar os pacientes,
não defender suas necessidades, limitar sua sensação de controle – podem ser muito caras... Pacientes bravos, frustrados ou amedrontados
podem ser combativos, retraídos e menos colaborativos, o que exige
mais tempo do que teria levado interagir com eles de um jeito positivo."*
JOANNE L. EARP, ELIZABETH A. FRENCH, MELISSA B. GILKEY,
*Patient Advocacy for Health Care Quality: Strategies for Achieving
Patient-Centered Care*

Gentileza: A regra dos quarenta segundos
(Ou são 38 segundos?)

De *Compassionomics: The Revolutionary Scientific Evidence That Caring
Makes a Difference*, dos médicos Stephen Treciak e Anthony Mazzarelli:

*"Em testes randomizados controlados feitos no Johns Hopkins com pa-
cientes de câncer, os pesquisadores descobriram que tudo que era neces-*

245

sário para fazer uma diferença significativa na redução da ansiedade e do medo do paciente eram quarenta segundos de compaixão. Mais ainda, em dois estudos do Netherlands Institute for Health Services Research sobre compaixão e falta de compaixão no diagnóstico de câncer, pesquisadores descobriram que eram necessários apenas 38 segundos para dar a notícia com compaixão fazendo uma diferença 'significativa e mensurável' nos níveis de ansiedade dos pacientes e em sua capacidade de assimilar mais informação, sem mencionar a aderência ao tratamento também abordada em seu livro surpreendente. E, embora os médicos digam frequentemente que não têm tempo para compaixão, esse e outros estudos sugerem de maneira consistente algo muito diferente."

Tarefa 71A E você? Tem quarenta segundos? Ou mesmo 38 segundos sobrando? Isto é, você tem tempo para gentileza? Gentileza em situações extremas no atendimento médico. Gentileza no dia comum de trabalho. Os resultados podem ser nada menos que estupendos.

B = R = L
Bondade = Repetir negócios = Lucro

Existe um (GRANDE) problema com o que veio antes nesta seção sobre liderança. Poucas dessas ideias – pedir desculpas, dizer "obrigado", ter gentileza – funcionam, a menos que o líder seja empático, atencioso e deliberado; isto é, realmente se importe com as pessoas. (Volte à parte da abertura do livro, Tarefa nº 2, à declaração de que QE é requisito nº 1 para contratação.) Essas táticas são, é justo dizer, totalmente dependentes do caráter básico do líder.

Tarefa 71B Não sei bem como designar uma tarefa para "gentileza". "Seja gentil" é bobo. Então, vamos seguir por outro caminho: isso tem a ver com quem você é como pessoa, e que tipo de organização (ou equipe de projetos) quer construir, e que legado quer deixar. Gentileza constrói a repetição de negócios e pagamento (B = R = L), mas gentileza na interação com clientes é um subproduto direto de como tratamos uns aos outros hora a hora e dia a dia. Então, o que peço aqui é que você, por favor, reflita sobre que tipo de pessoa você é e que tipo de marca pessoal quer deixar.

Leitura! Estudo! Civilidade! Gentileza!

- *Kindness in Leadership*, de Gay Haskins, Mike Thomas e Lalit Johri
- *The Manager's Book of Decencies: How Small Gestures Build Great Companies*, de Steve Harrison, Adecco
- *Mastering Civility: A Manifesto for the Workplace*, de Christine Porath
- *O poder da gentileza*, de Linda Kaplan e Robin Koval
- *Survival of the Friendliest: Understanding Our Origins and Rediscovering Our Humanity*, de Brian Hare e Vanessa Woods

14.72

Graça

Para o meu aniversário de sessenta anos, escrevi um livro cujo título completo é: *SIXTY*. Tradução: Sessenta coisas com as quais eu realmente me importava. Meu aniversário de sessenta era, por definição, uma coisa muito importante. E era só uma palavra: *Graça*.

Meu comentário começou com uma citação da renomada designer Celeste Cooper:

> *"Minha palavra favorita é graça – seja 'graça fabulosa', 'graça da salvação', 'graça na dificuldade', 'Grace Kelly'. A maneira como vivemos contribui para a beleza – seja em como tratamos as pessoas ou em como tratamos o ambiente."*

Meu dicionário de sinônimos, *Rodale's*, oferece as seguintes equivalências para graça: *elegância... charme... graciosidade... gentileza... benevolência... benefício... compaixão... beleza.*

Graça em tudo que fazemos. E, quanto mais apressados e potencialmente insensíveis somos, mais importante é a graça.

Tarefa 72

- *Elegância...*
- *Charme...*
- *Graciosidade...*
- *Gentileza...*
- *Benevolência...*
- *Benefício...*
- *Compaixão...*
- *Beleza.*

Ponha essa lista em um cartão, talvez, e leve-o na carteira. Pegue-o algumas vezes por dia, especialmente quando o estresse estiver ganhando a briga. Leia e respire.

A graça é boa para você. A graça é boa para seus companheiros de equipe. "Graça em tudo que fazemos" é especialmente pertinente e perigoso diante da incerteza e, de fato, do caos da Covid-19. A graça é enriquecedora para seus clientes e sua comunidade – e, no fim, para tornar isso "empresarial", para o seu balancete.

14.73

Líder como "Diretor de Cultura"
Cultura "é o jogo"

> *"Se eu pudesse ter escolhido não atacar de frente a cultura* IBM*, provavelmente não teria atacado... Minha discordância era em relação a estratégia, análise e mensuração... Em comparação, mudar a atitude e os comportamentos de centenas de milhares de pessoas é muito, muito difícil de conseguir... Mas eu vi, no meu tempo na* IBM*, que cultura não é só um aspecto do jogo – é o jogo."*
> **LOU GERSTNER**, superstar da recuperação da IBM, *Quem disse que os elefantes não dançam? – Os bastidores da recuperação*

Gerstner era meu concorrente quando eu estava fazendo a pesquisa para *Vencendo a crise* na McKinsey. Ele era, talvez, o principal defensor do "estratégia primeiro". Daí, você pode imaginar meu sorriso de satisfação quando a citação acima apareceu em *Quem disse que os elefantes não dançam? – Os bastidores da recuperação.*

> *"A cultura come a estratégia no café da manhã."*
> **ED SCHEIN**

> **Tarefa 73A** "É o jogo." Para sua informação: "Cultura" – boa, ruim, indiferente – aplica-se a uma equipe de trabalho temporária. Liderando... alguma coisa? Faça da cultura o seu negócio. Ponto-final.

Os mandamentos da cultura

- Cultura vem em primeiro lugar.
- Cultura é muito difícil de mudar.

- A mudança de cultura é algo que não pode e não deve ser evitado, algo de que não se pode fugir.
- Manter a cultura é tão difícil quanto mudá-la.
- Mudança/manutenção da cultura deve se tornar um item consciente/permanente/pessoal da agenda.
- Mudança/manutenção da cultura se manifesta muito mais nas "pequenas coisas" do que nas grandes coisas.
- Repita.
- Mudança/manutenção da cultura.
- Um dia.
- Uma hora.
- Um minuto de cada vez.
- Para sempre. Todo o sempre.

Liderança/Manutenção de cultura
Pequeno > Grande (novamente)

"*Mary Ann Morris, que gerencia serviços gerais e programas de voluntários da Mayo Clinic na Mayo Rochester, gosta de contar uma história sobre seus primeiros dias na clínica. Ela trabalhava em um laboratório – um emprego que a obrigava a usar um uniforme branco e sapatos brancos. Depois de uma manhã frenética em que levou os dois filhos à escola, ela chegou ao trabalho e estranhou como o supervisor olhava para seus sapatos. O supervisor tinha notado os cadarços sujos nos sapatos e pediu que os limpasse. Ofendida, Morris disse que trabalhava em um laboratório, não com pacientes, então, por que isso era importante? O supervisor respondeu que Morris tinha contato com pacientes de maneiras que ela não reconhecia – quando andava pela rua com o crachá de identificação da Mayo, por exemplo, ou quando passava pelos pacientes e suas famílias nos corredores – e que não podia representar a Mayo Clinic com cadarços sujos. 'Apesar de ter ficado ofendida de início, percebi com o tempo que tudo que faço, inclusive com os cadarços dos sapatos, representa meu compromisso com nossos pacientes e visitantes... Ainda uso a história dos cadarços*

sujos para estabelecer o nível de serviço que desejo para mim e meus colegas de trabalho.'"
LEONARD BERRY e **KENT SELTMAN**, Capítulo 7, *Lições de gestão da clínica Mayo: Por dentro de uma das mais admiradas organizações de serviços do mundo*

Tarefa 73B "Fanáticos por cultura" (espero que você seja um deles) focam as "pequenas coisas". Como isso tem se manifestado em suas atividades? HO-JE? (Seja específico, por favor.)

Cultura/Inclinada à comunidade

Lembre-se:

"As empresas existem para aperfeiçoar o bem-estar humano."
MIHALY CSIKSZENTMIHALYI, *Good Business: Leadership, Flow, and the Making of Meaning*

As empresas são embutidas na comunidade. Ser um bom vizinho é um jeito lucrativo de administrar uma empresa.

E é a coisa certa a fazer.

A coisa certa a fazer em termos de Engajamento Extremo do Empregado (ou de pessoas e suas famílias como parte da comunidade) e Apoio ao Cidadão Comunitário de maneira geral (todos os membros da comunidade são, na verdade, parte do nosso negócio).

Tarefa 73C Ponha a inclinação à comunidade em sua agenda. Explicitamente. Independentemente do que você faz. Lembre-se da afirmação anterior: a empresa não é "parte" da comunidade. A empresa é a comunidade. (A consciência comunitária deve estar sempre à frente e ao centro.)

14.74

Liderança com Excelência. 21 táticas comprovadas

1. "Importismo" – Você tem que se importar!
2. GAPA – Gerencie Andando Por Aí. (Diariamente!)
3. GEPZ – Gerencie Encontrando Pelo Zoom. (Diariamente!)
4. Reuniões. Preparação de reunião. EXCELÊNCIA em reunião.
5. Ignore os "inimigos". Recrutamento e desenvolvimento de aliados-amigos. Oitenta por cento do seu tempo.
6. Desça pelo sucesso. Recorra ao poder na sala das caldeiras.
7. Sempre é hora do espetáculo! Distribua entusiasmo!
8. Liderança amorosa (ou não).
9. Cinquenta por cento de tempo não agendado.
10. Ler. Ler. Ler. Ler.
11. Escuta agressiva-feroz – EXCELÊNCIA na escuta = Valor Essencial nº 1.
12. A armadilha da pressa. *Vá devagar*. Todas as coisas importantes (relacionamentos, excelência etc.) levam (muito) tempo.
13. "Poder da quietude." Procurar e promover os quietos/introvertidos = Líderes melhores.
14. Positivo supera negativo em 30 para 1.
15. "Obrigado", o hábito mais importante. Pequeno > Grande.
16. Pedir desculpas funciona (rápido/de maneira impressionante). Pedir desculpas compensa.
17. Autoconhecimento = Força do líder nº 1. (Para sua informação: a sua autopercepção é horrível!)
18. 14 = 14/14 pessoas = 14 estratégias de comunicação dramaticamente diferentes.
19. Uma "cultura de gentileza". B = R = L/Bondade = Repetição dos negócios = Lucro. Alicerce para a maioria das táticas acima.
20. Graça.
21. Líder como "Diretor de Cultura". Manutenção da cultura = Trabalho em tempo integral.

Resumo executivo
Excelência agora:
Os 43 Números Um

15.75

Excelência agora: Os 43 Números Um

43 anos perseguindo Excelência. 43 ideias-chave. 43 desafios. 43 oportunidades. Sem ordem linear – cada uma delas é um verdadeiro "Número Um".

INVESTIMENTO CAPITAL Nº 1 Treinamento! Treinamento! Treinamento! É isso mesmo: investimento, não "despesas da empresa". Se você acha que parece extremo, pergunte a um almirante, general, chefe dos bombeiros, chefe de polícia, treinador de futebol, treinador de tiro com arco, diretor de teatro, chefe de operações de usina de energia nuclear, ou diretor de um pronto-socorro ou de uma UTI (ou a um palestrante – eu).

AXIOMA Nº 1 Hard (planos, organogramas, números) é soft (abstrato, fácil de manipular). Soft (pessoas, relacionamentos, cultura) é hard (alicerce, manter o curso). *Hard é soft. Soft é hard.* Minha razão de ser nos últimos 43 anos em seis palavras.

MANDAMENTO Nº 1 Excelência não é uma "aspiração". Excelência não é uma "montanha a escalar". Excelência são os próximos cinco minutos. Seu próximo e-mail. Sua próxima reunião – presencial ou virtual. Sua próxima troca fugaz com um cliente. Ou não é nada.

OBSESSÃO Nº 3 "Estratégia é uma mercadoria. Execução é uma arte." – Peter Drucker. "Amadores falam sobre estratégia. Profissionais falam sobre logística." – General R. H. Barrow. "Não esqueça de prender a cortina do chuveiro na banheira." / Conrad Hilton sobre "o segredo do sucesso número um". Execução, o trabalho pesado normalmente dado como certo, são "os últimos 95%".

TRABALHO Nº 1 Estabelecer e manter a primeira cultura de um povo. "A empresa precisa dar às pessoas vidas enriquecedoras, gratificantes...

ou simplesmente não vale a pena." – Richard Branson. "Seus clientes nunca serão mais felizes que seus funcionários." – John DiJulius, guru de serviço ao cliente. Anatomia da empresa: *Pessoas (líderes) servindo pessoas (equipe de linha de frente) servindo pessoas (clientes e comunidades).* Padrão ouro: "E³" = Engajamento Extremo do Empregado.

"ISMO" Nº 1 "Importismo." Todas as palavras e sugestões e mandamentos sobre "pessoas em primeiro lugar" são piadas ruins, a menos que o líder se importe com as pessoas. Como aponto depois, importar-se profundamente e de maneira explícita com as pessoas é a Consideração nº 1 em decisões de promoção para qualquer posição de liderança, inclusive gerência de projeto de equipe pequena. E evidências sobre o QI – Quociente de Importismo do candidato a líder devem ser coletadas assiduamente.

APAGAMENTO DE VOCABULÁRIO Nº 1 Exclua permanentemente "RH" – Recursos Humanos de seu vocabulário. Trabalhadores são, espera-se, contribuintes sintonizados e dedicados ao crescimento, pessoas que têm nomes como Maria ou Max, não "recursos humanos" sem nome (ou "bens") dos quais se extrai produtividade máxima até que sejam substituídos por robôs ou IA e levados ao ferro-velho dos humanos.

VOCAÇÃO Nº 1 Liderar = Maximizar potencial humano. Não existe vocação maior. Definição operacional: um grande administrador é, literalmente, desesperado para ver cada membro de sua equipe ter sucesso, crescer e se desenvolver. "O papel do diretor é criar um espaço onde atores e atrizes possam se tornar mais do que jamais foram antes, mais do que jamais sonharam ser". – Robert Altman, diretor ganhador do Oscar.

OBRIGAÇÃO MORAL Nº 1 Não deixe pedra sobre pedra ao preparar trabalhadores, inclusive os de meio período, da melhor maneira que puder para um mundo maluco. "As empresas existem para melhorar o bem-estar humano." – Mihaly Csikszentmihalyi.

NECESSIDADE DE EQUIPE DE LIDERANÇA Nº 1 "Pesquisa da McKinsey & Company sugere que, para ter sucesso, se comece a promover as mulheres." – Nicholas Kristof. "As mulheres têm classificação melhor em doze de dezesseis competências que fazem parte da liderança de destaque." – *Harvard Business Review*. A literatura é clara: mulheres são líderes melhores. Caso encerrado. Não enrole. Ponha muito, muito mais mulheres no comando, particularmente em posições executivas, de chefia, gerência e diretoria. Agora. Objetivo de curto prazo: sua diretoria ser 50% feminina em dois anos.

FORÇA DA EMPRESA Nº 1 "Em grandes exércitos, o trabalho dos generais é apoiar seus sargentos." – Coronel Tom Wilhelm. Os gerentes de linha de frente impulsionam de forma esmagadora toda a produtividade--chave, qualidade do produto e serviço, retenção de funcionários, engajamento de funcionários, desenvolvimento de funcionários e variáveis de inovação. Consequentemente: Força nº 1. Aja de acordo!

REQUISITO DE CONTRATAÇÃO Nº 1 "Só contratamos pessoas legais." – CEO Peter Miller. "Procuramos pessoas que sejam afetuosas, atenciosas e realmente altruístas. Procuramos pessoas que tenham uma atitude divertida-amorosa." – Colleen Barrett, Southwest Airlines. Contrate antes e acima de tudo por QE, quociente de empatia, e "soft skills" em 100% dos cargos. Pesquisa interna do Google sobre eficiência de funcionários e equipe sugere que colocar os soft skills em primeiro lugar vale, nesse ar rarefeito da tecnologia, tanto quanto para os hoteleiros ou donos de restaurantes!

REQUISITO DE PROMOÇÃO Nº 1 A seleção de líderes, especialmente os líderes de linha de frente, é a categoria mais importante de decisões estratégicas tomadas por um gerente. Drucker disse que promoções são "decisões de vida ou morte". Mais uma vez 10×: QE/"soft skills" comandam!

VALOR ESSENCIAL Nº 1 Excelência em escuta. Ouvir = Engajamento. Ouvir = Respeito. Ouvir = Aprender. Ouvir = Fechar a venda. Isso não é escuta passiva; é "escuta agressiva", de acordo com o Capitão da Marinha Mike Abrashoff. "A melhor maneira de convencer as pessoas é com seus ouvidos." – Ex-Secretário de Estado Dean Rusk. "Nunca perca uma boa chance de calar a boca." – Will Rogers.

ESTADO MENTAL Nº 1 Excelentes organizações são, antes e acima de tudo, comunidades vibrantes. E comunidades que são embutidas em comunidades. Ação necessária: Engajamento Comunitário Extremo. Por favor, reflita profundamente sobre a ideia de "comunidade".

OBRIGAÇÃO DE OPORTUNIDADE COM IGUALDADE RACIAL Nº 1 Reconhecer e eliminar a desigualdade, certamente mais presente do que você imagina entre as paredes de sua organização. Crie imediatamente um plano arrojado de próximos passos. Todo mundo deve estar envolvido. Para começar: a composição da equipe executiva deve, em um prazo razoavelmente curto, refletir a população. "Gostei do seu post sobre o Black Lives Matter. Agora poste uma foto da sua equipe de gerenciamento sênior e da sua diretoria." – Brickson Diamond, CEO da empresa de consultoria de diversidade Big Answers.

ESTRATÉGIA DE VALOR AGREGADO Nº 1, DIFERENCIADOR Nº 1, MARCO DE HUMANISMO Nº 1, DOMESTICADOR DE IA Nº 1 Excelência em design significa Humanismo Extremo; produtos e serviços, internos e externos igualmente, com coração, alma e espírito, que fazem o mundo um pouquinho melhor e que nos deixam orgulhosos. "Design é a alma fundamental de uma criação humana." – Steve Jobs. "De algum jeito, nos importando, estamos realmente servindo à humanidade. As pessoas podem pensar que essa é uma crença idiota, mas é um objetivo – uma contribuição que esperamos poder dar, em alguma pequena medida, à cultura." – Jony Ive, designer-chefe da Apple. Ação: nada menos que fazer da consciência de design um estilo de vida e uma parte de todas as decisões em cada canto e nicho, menos que isso não basta. "Só uma empresa pode ser a mais barata. Todas as outras têm que usar design." – Rodney Fitch, CEO de uma companhia de design do Reino Unido.

PEQUENA TÁTICA DE VALOR AGREGADO Nº 1 Pequeno > Grande. CDCs – Coisas que Deram Certo. "Pequenos toques" são os que entram na cabeça e ficam lá. "Cortesias pequenas e corriqueiras são aquelas que penetram mais fundo no coração grato e reconhecido." – Henry Clay. "Não lembramos dos dias, lembramos dos momentos." – Cesare Pavese. A prática do CDC como uma paixão para todos.

258

CREDO DO SUCESSO DO VALOR AGREGADO Nº 1 "As três regras: 1. Melhor antes do que mais barato. 2. Renda antes do custo. 3. Não há outras regras." Essas regras foram as conclusões de um estudo da Deloitte com mais de 27 companhias de alto desempenho extraídas de uma amostra de 25 mil empresas.

IMPERATIVO GLOBAL Nº 1 Compromisso com a Sustentabilidade Extrema. Sem desculpas, sem um minuto a perder. A sustentabilidade deve ser parte de praticamente todas as decisões, especialmente decisões de design. "Sustentabilidade é a coisa certa a fazer, a coisa inteligente a fazer, a coisa lucrativa a fazer." – Hunter Lovins. "Compre menos, escolha bem, faça durar. Qualidade em vez de quantidade: essa é a verdadeira sustentabilidade." – Vivienne Westwood.

NECESSIDADE DE ENGAJAMENTO DE MÍDIA SOCIAL Nº 1 "Prefiro engajar em uma conversa no Twitter com um único cliente a ver nossa empresa tentar chamar a atenção de milhões em um cobiçado anúncio do Super Bowl." – CEO da Tangerine, conhecida empresa canadense de serviços financeiros. "Leva vinte anos para construir uma reputação, e cinco minutos para arruiná-la." – John DiJulius. Em grande parte, sua estratégia de mídia social é você. Aja grande, aja depressa, aja de acordo.

NECESSIDADE DE EXTREMISMO Nº 1 Minhas paixões e nomes de domínio:

- HumanismoExtremo.com
- SustentabilidadeExtrema.com
- ExtremoEngajamentoComunitário.com
- ExtremoEngajamentodoFuncionário.com
- ExtremaConscienciadeDesign.com
- DesenvolvimentoPessoalRadical.com
- HumanismoOfensivo.com
- EscutaFeroz.com
- EscutaAgressiva.com

OPORTUNIDADE DE DESENVOLVIMENTO DE NEGÓCIO Nº 1 "Esqueça a China, a Índia e a internet: o crescimento econômico é conduzido pelas mulheres." – *Economist*. "As mulheres *são* o mercado majoritário." – Fara Warner. As mulheres compram tudo – *tudo*. Atenção. Você pode acreditar nisso, mas age de acordo? É necessário um realinhamento estratégico!

OPORTUNIDADE DE MERCADO PERDIDA Nº 1 "As pessoas que fazem cinquenta hoje em dia têm metade da vida adulta pela frente." – Bill Novelli, da AARP. Os idosos têm todo o dinheiro e muito tempo livre para gastá-lo. Atenção. Aja de acordo. Estado atual de abordagem da EOMI/Enorme Oportunidade do Mercado de Idosos: profissionais de marketing e desenvolvedores de produto são sem noção, desinteressados, jovens e perdidos = estúpidos. É necessário um realinhamento estratégico!

PILAR ECONÔMICO Nº 1 EPMPs/Empresas de Pequeno e Médio Porte empregam quase todos nós, criam quase todos os novos empregos, são a origem de quase toda inovação e o endereço principal de excelência. Alimente-as. Aprenda com elas.

ÍMÃ DE INOVAÇÃO Nº 1 QTFMCV/Quem Tentar Fazer Mais Coisas Vence. Versão expandida: QTFMC (EEMCMD) V/Quem Tentar Fazer Mais Coisas (E Estragar Mais Coisas Mais Depressa) Vence. Cultura necessária QTFMCV: "Erre mais depressa. Tenha sucesso mais cedo". – David Kelley. "Erre. Antes. Depressa." – CEO de uma hightech. "Erre de novo. Erre melhor." – Samuel Beckett. Pré-requisito: uma inclusiva "cultura de jogo sério", como coloca o guru de inovação Michael Schrage. 100% participativos, 100% inovadores!

REQUISITO DE ESTRANHEZA DE INOVAÇÃO Nº 1 Quem tem mais esquisitices, em todos os cantos da empresa, ganha o Grande Jogo da Inovação. "Mesma coisa" significa a morte para a inovação. De acordo com a bem revisada pesquisa de Scott Page sobre inovação, "Diversidade supera habilidade". Comece levando a estranheza ao conselho de diretores. Agora.

MENTALIDADE DE LIDERANÇA DE INOVAÇÃO Nº 1 "Somos loucos. Só devíamos fazer alguma coisa quando as pessoas dissessem que é 'loucura'. Se as pessoas dizem que alguma coisa é 'boa', isso significa que já tem alguém fazendo." – CEO da Canon. "Não fico confortável, a menos que haja desconforto." – Jay Chiat, lenda da publicidade. "Você precisa aprender a não ser cuidadoso." – Diane Arbus, fotógrafa. "Se as coisas parecem estar sob controle, você só não está indo rápido o bastante." – Mario Andretti, piloto de carro de corrida.

MENTALIDADE DE IA COMO AMIGA, NÃO INIMIGA Nº 1 Não pense nem por um momento que a ênfase nas pessoas nega o tsunami tecnológico que está nos envolvendo. Há duas maneiras de ver a IA: Inteligência Autônoma (não humana) *versus* Amplificação de Inteligência. AuraPortal, a empresa de software para trabalho remoto e produtividade empresarial, descreve esse cabo de guerra. "Enquanto Inteligência Artificial é a criação de máquinas que trabalhem e reajam como humanos, Amplificação de Inteligência é usar essas mesmas máquinas com uma abordagem diferente – aperfeiçoar o trabalhador humano." Ande, não corra: considere as opções, as configurações e o impacto sistêmico de IA-AI com extremo cuidado.

ATIVIDADE ESTRATÉGICA DIÁRIA Nº 1 GAPA/Gerenciar Andando Por Aí. GAPA é o centro de uma verdadeira cultura de "pessoas em primeiro lugar", e foi, efetivamente, o centro de *Vencendo a crise*. GAPA deve ser alegria, não sacrifício. Se você não ama GAPA, procure outro trabalho. Adendo de 2021: GEPZ/Gerenciar Encontrando Pelo Zoom pode, com determinação e prática, trazer ao mundo do Zoom o mesmo espírito envolvente, a mesma espontaneidade e intimidade que GAPA em seu melhor promove quando você está frente a frente.

NECESSIDADE DE EQUIPE DE GERENCIAMENTO Nº 1 Vivemos a "era da perturbação". Ofega. Ofega. Ofega. Ei: *devagar*. Todas as coisas importantes – relacionamentos, excelência, design transformador do mundo, qualidade – levam tempo, e muito tempo. E de acordo com o superstar da Intel, Dov Frohman, os líderes devem manter religiosamente 50% de seu tempo não agendado.

INVESTIMENTO DE TEMPO Nº 1 Os melhores relacionamentos comandam todo o sucesso. "Relações pessoais são o solo fértil no qual crescem todo progresso, todo sucesso, toda realização na vida." – Ben Stein, superstar de investimentos. Excelência em relacionamento leva tempo, tempo, tempo. E mais tempo. Relacionamentos em que o trabalho é realmente feito trazem a marca de ter as coisas feitas. Mensagem: Para ter sucesso, agrade quem está abaixo (não acima).

MUDANÇA RADICAL PRINCIPAL Nº 1 Fazer amigos. Ignorar inimigos. Quer mudança radical? Evite aqueles que discordam. Comprometa 80% (sim, 80%!) de seu tempo recrutando, desenvolvendo e fortalecendo aliados. Brigar é perda de tempo e energia mental, e em mais de nove em cada dez casos, é um tiro pela culatra. Desenvolva um Grupo de Irmãos e Irmãs Comprometidos e Animados e Incansáveis e Obcecados Por Ação... e cerque os dissidentes!

PRAZO DE DESEMPENHO Nº 1 Longo > Curto. Pesquisas de primeira categoria afirmam que empresas administradas para longo prazo superam de longe (expressão correta) o desempenho daquelas focadas nos números dos ganhos do próximo trimestre. O "só os próximos noventa dias importam" de cinquenta anos de idade. A religião de maximizar o valor do acionista tem sido a força mais destrutiva – e equivocada – no mundo dos negócios e, aliás, na sociedade como um todo. "As próprias pessoas com quem contamos para fazer investimentos nas capacidades produtivas que aumentarão nossa prosperidade compartilhada estão, em vez disso, dedicando a maior parte do lucro de suas empresas para fins que vão aumentar sua própria prosperidade." – economista William Lazonick.

SELO DE QUALIDADE Nº 1 A cultura vence tudo: "A cultura come a estratégia no café da manhã." – Ed Schein, do MIT. "A cultura não é só um aspecto do jogo – é o jogo." – Lou Gerstner, chefe da IBM. O desenvolvimento e a manutenção da cultura vêm em primeiro lugar. A manutenção da cultura tem que ser uma obsessão do tipo um minuto por vez. Para sempre. Sempre.

PALAVRA DE PODER Nº 1 Reconhecimento é a palavra mais poderosa do vocabulário e a ferramenta mais poderosa no kit do líder. "As duas coisas mais poderosas que existem: uma palavra bondosa e um gesto atencioso." – Ken Langone, cofundador da Home Depot. As duas palavras mais poderosas: "muito obrigado". Pequenos e consistentes agradecimentos superam qualquer grande agradecimento. A mania de agradecer move montanhas!

PROPORÇÃO "TRINTA DE OURO" Nº 1 "Atenção positiva é trinta vezes mais poderosa que atenção negativa para criar alto desempenho em uma equipe." – Marcus Buckingham e Ashley Goodall. Conclusão: positivo (reconhecimento, prestatividade, apoio) supera negativo (crítica) em uma proporção de trinta para um. Construa, construa e construa a partir dos pontos fortes. Além disso, sua "habilidade" em dar feedback negativo é de zero em uma escala de 1 a 10 (dificilmente isso é um exagero). Mais ainda, o feedback negativo é um grande tiro pela culatra; é o Desmotivador nº 1 comprovado por pesquisas. (Enigma: por que dar feedback positivo regular é tão difícil para tantas pessoas?)

MILAGRE DE TRÊS MINUTOS Nº 1 "Considero o pedido de desculpas o gesto humano mais mágico, curativo e restaurador que o ser humano pode fazer. É a peça central do meu trabalho com executivos que querem melhorar." – coach de executivos Marshall Goldsmith. Um sincero e imediato "me desculpe" apaga praticamente todos os pecados. Um telefonema de três minutos na hora certa, sem justificativas, com um pedido de desculpas sincero, pode salvar uma venda de 1 bilhão de dólares.

PECADO DA PADRONIZAÇÃO Nº 1 Pessoas não são "padronizadas". Avaliações não devem ser padronizadas. Nunca. Tamanho único. Lei de ferro para leitores: cada indivíduo requer uma estratégia de comunicação radicalmente diferente.

HÁBITO PESSOAL Nº 1 Ler. Ler. Depois: Ler. Ler. Ler. O estudante mais obsessivo-tenaz em qualquer área de trabalho chega ao topo. Tenha 6 ou 66 anos de idade. Um investidor de Wall Street no Hall da Fama: não ler o suficiente é "a deficiência número 1 do CEO!"

TAREFA MAIS DIFÍCIL Nº 1 Muitos gurus de liderança insistem que o autocontrole efetivo é o principal atributo do líder de sucesso. E esse é um fato inatacável: sua autopercepção é péssima. O sucesso do autocontrole

263

depende de trabalho constante e consciência honesta... para sempre. E você precisa de muito feedback consistente sobre isso.

REFLEXÃO Nº 1 "Estive pensando sobre a diferença entre as "virtudes de currículo" e as "virtudes louváveis". As virtudes de currículo são aqueles que você relaciona em seu histórico, as habilidades que leva ao mercado de trabalho e que contribuem com o sucesso externo. As virtudes louváveis são mais profundas. São aquelas que são comentadas no seu funeral, as que existem na essência de seu ser – se você é gentil, corajoso, honesto ou fiel, que tipo de relacionamentos formou." – David Brooks. Meu conselho, 10× por dia, pelo seu bem e pelo bem dos outros: *foco nas virtudes louváveis!*

PADRÃO DE LIDERANÇA COVID-19 PARA A VIDA Nº 1 Seja gentil. Seja atencioso. Seja paciente. Seja tolerante. Seja presente. Seja positivo. Coloque-se no lugar do outro. "Resumindo": o que você faz como líder – agora! – será a assinatura de sua carreira inteira.

Palavras finais
Atendendo a muitos pedidos...
um livro de memórias

Muitas pessoas me incentivaram a escrever um livro de memórias. Bem, finalmente cedi. Este livro, na verdade, é meu livro de memórias. É unicamente dedicado às coisas com as quais mais me importo (e me importo muito!). As coisas que surgiram e se tornaram preocupações desde o dia em 1966 quando, recém-saído da escola de engenharia, tornei-me um comandante de destacamento do batalhão de engenharia de combate no Vietnã. Ou o dia em 1977, em Nova York, quando um diretor da McKinsey & Co., Ron Daniel, fez uma pergunta mágica que determinou o rumo da minha vida: ele jurou que estava farto e cansado das brilhantes estratégias da empresa que sempre falhavam no teste de implementação – que diabo estava faltando? Foi assim, embora eu não soubesse no momento, que *Vencendo a crise* foi concebido.

Ao pesquisar para o primeiro livro, aprendi com o presidente da Hewlett-Packard, John Young, que alguns líderes, os melhores eu diria, passavam mais tempo do que se poderia imaginar no "chão de fábrica" (com os operários ou o pessoal da administração) conhecendo e mostrando apreço pelas pessoas que fazem o verdadeiro trabalho da organização. Essas mesmas pessoas também passavam "mais tempo do que se poderia imaginar" em contato direto com os clientes, julgando o impacto prático e emocional de seus produtos e serviços nas pessoas cuja alegria – ou problemas – faz ou quebra as empresas desses líderes. Passei algum tempo observando Steve Jobs no trabalho – e aprendi sobre uma obsessão verdadeira e inflexível por design – e os resultados impressionantes decorrentes dela. (*Vencendo a crise* foi escrito em um Apple II.) Vi de perto como Anita Roddick vasculhou o mundo em busca de produtores-parceiros para a The Body Shop, pessoas que se tornariam seus fornecedores e transformariam suas comunidades – a dimensão moral dos negócios em sua melhor e mais inspiradora versão. O fundador e CEO da Southwest Airlines, Herb Kelleher, me disse a certa altura: "Uma das minhas tarefas favoritas é escrever uma carta a um cliente que abusou de um dos nossos funcionários e informá-lo de que não é mais bem-vindo em nossas aeronaves". Isso é apoiar o bem-estar dos membros da sua equipe!

Como já disse várias vezes nestas páginas – e nas páginas dos meus primeiros dezoito livros –, as ideias não são complexas; elas não requerem nenhum domínio de cálculo, química ou física. Mas elas, muitas vezes, deixam de ser praticadas.

Coletar e compartilhar essas ideias – o "Gerenciar Andando Por Aí" de Young, as cartas de Kelleher para os clientes que se comportavam mal, a obsessão de Jobs pelo design, a mentalidade comunitária de Roddick – é o trabalho da minha vida e, de fato, é a minha vida. Elas custaram milhões de frequentes e exaustivas milhas de viagem e cem, ou 100 mil conexões aéreas enroladas. No entanto, apesar das terríveis confusões em minhas viagens para um destino em um dos 63 países nos quais fiz palestras, juro, nunca estive com uma plateia, entre as mais de 2.500 para quem falei, com a qual não tenha estabelecido uma ligação profunda. E, pelas mensagens que recebi, eles sabiam que eu tinha formado um vínculo com eles – me tornado sua companhia espiritual (e provocadora) nos primeiros passos de uma jornada em direção a "pessoas em primeiro lugar" e, sim, Excelência. Muitos, se não a maioria, ficaram um pouco aquém das aspirações gigantescas que eu tinha para eles – mas centenas de cartas indicaram que um grupo considerável havia se transformado em sósias de Kelleher ou Roddick – e descoberto o valor emocional e "comercial" de criar um comunidade humana em crescimento e em constante inovação – de seis ou seiscentos funcionários.

Oh, Senhor, eu aprecio especialmente as cartas, não de CEOs, mas de diretores de escolas secundárias, chefes de bombeiros e treinadores de futebol, e até mesmo de um treinador da NFL – e, para minha surpresa – de um ou outro pastor ou padre, me agradecendo por lançá-los em um caminho produtivo e alegre. Um participante do seminário YPO me disse, na presença de um público com o qual eu tinha acabado de passar oito horas exaustivas, que "investi um dia em você e não aprendi nada de novo". Acho que empalideci visivelmente, mas ouvi quando ele continuou: "Mas foi o melhor dia que posso ter passado – foi um 'lampejo ofuscante do óbvio'. Cuidar das pessoas, ouvir realmente os clientes, almejar nada menos do que a excelência, mesmo nos menores atos". Acho que, no fim, eu sou, como sugeriu aquele participante,

Manny Garcia, dono de uma grande rede de restaurantes no sul da Flórida, um provedor de OLO (Ofuscante Lampejo do Óbvio).

Esses comentários são o meu legado. E, aqui nas páginas deste meu décimo nono livro, compartilho com prazer e esperança essas ideias, esses OLOs, que são minha razão de ser. Sim, este é meu único e verdadeiro livro de memórias possível.

Obrigado por terem me acompanhado na jornada. Boa sorte e fiquem com Deus!

TOM

Agradecimentos especiais

Nancye Green
Stuart Lopez
Julie Anixter
Shelley Dolley
Melissa G. Wilson
Esses cinco fizeram deste livro, desta "suma", o que é.

Nancye e Stuart, em particular, ofereceram sugestões criativas e mais sugestões criativas – muito além dos limites de seu estelar trabalho de design. (Nancye muitas vezes não fazia "sugestões" – ela dava ordens. Por exemplo, ela é responsável pelo título!)

Julie Anixter é uma força – o maior elogio que posso oferecer a um de meus semelhantes. Ela tem o hábito maravilhoso de estar à frente de todos nós – sua paixão transborda. E isso contagia.

Shelley Dolley e eu trabalhamos em parceria há mais de vinte anos. Ela mesma admite ser excessivamente meticulosa; não há detalhe pequeno demais para ela quase morrer de preocupação – para meu eterno benefício. E seu diploma de Ciências Humanas acrescenta um sabor que nenhum engenheiro com MBA (eu) jamais poderia conceber.

Melissa G. Wilson fez todas as coisas insubstituíveis que só uma editora determinada pode fazer. Viva!

E:

Os mais de trinta podcasters que me pediram para falar sobre "liderança diante da Covid-19". Eles me permitiram descobrir – mais uma vez – o quanto me importo com essa matéria. A liderança cuidadosa e atenciosa em tempos de Covid-19 pode e deve ser praticada o tempo todo. Para sempre e sempre. Vamos torcer para que isso se torne a norma.

Bob Waterman, meu coautor em *Vencendo a crise*, o livro que me permitiu fazer o que tenho feito nas últimas décadas. Bob é profissional em muitas dimensões – e ele e sua extraordinária esposa, Judy, têm sido minhas âncoras emocionais desde 1977.

Um aceno cheio de emoção ao falecido Dick Anderson (capitão Richard E. Anderson USN). Ele foi meu primeiro chefe quando comecei minha jornada de trabalho como um oficial júnior de engenharia de combate na Marinha dos EUA no Vietnã, aos 24 anos. Resumindo, o capitão Anderson é meu mentor número 1 na vida adulta. Ponto-final e indiscutível.

E, finalmente: Susan!!!

FONTES Lyon, Neue Haas
PAPEL Paperfect 90 g/m²
IMPRESSÃO Geográfica